황해도무형문화재 제6호 한국의 굿

김정숙의
황해도대동굿

구술·채록 | 이원섭
사진 | 임춘섭

한양춤길

김정숙의
황해도대동굿

초판발행 2019년 10월 10일

발행인	김정숙
기획	이원섭
구술·기록	이원섭
사진	임춘섭
디자인	임춘섭
인쇄	(주)태원티엔피
제본	세종제책사

펴낸곳	한양춤길
등록	제2014-61호
등록일자	2014. 9. 25
주소	04956 서울특별시 광진구 자양로 322 3층
Mobile	010-8927-9687
팩스	02-2201-3226
E-mail	nonumegi@nate.com
facebook	hanyangchoomgil

값 38,000 원
ISBN 979-11-954250-3-7

* 본문에 기재된 내용 및 사진의 무단 복제나 전제를 금합니다

황해도무형문화재 제6호   한국의 굿

김정숙의
황해도대동굿

구술·채록 | 이원섭
사진 | 임춘섭

한양춤길

차례

서문 "오십년만의 책 나들이"	8
대동굿이란 무엇인가?	10
알기쉬운 황해도대동굿 (본영리본)	22
각 거리별 청배무가 및 굿의 진행의식	36
1. 신청울림	36
2. 당산맞이	38
3. 세경돌기	60
4. 대동문굿	66
5. 초부정굿	67
6. 초감흥굿	72
7. 영정물림	86
8. 복잔내림 / 소지올림	90
9. 칠성제석거리	96
10. 소대감	134
11. 성주굿	140
12. 사냥거리(상산막둥이놀이) / 군웅굿(생타살)	150
13. 성수와 부인거리	168

14. 토인성수		174
15. 도산·말명굿		182
16. 타살감흥굿(익은타살)		196
17. 먼산장군굿		210
18. 대감굿놀이		216
19. 장군굿(작두타기)		226
20. 광대탈놀이		248
21. 조상굿		264
22. 목신서낭굿		268
23. 호살량굿(호영산마누라)		270
24. 대동마당굿(뒷전)		272
황해도대동굿 보존회 회원명단		278
공연연보		280
구술작가의 글		284
사진작가의 글		286

들어가는 글

오십년만의 책 나들이

　열세살 봄, 갈마파람에 꽃 피어나던 그해 봄날, 사춘기처럼 찾아온 환상과 어지럼증은 정말이지 끔찍이도 기억하기 싫은 기억입니다. 학교와 집 사이에 있는 송림들 산 언덕배기를 마구 뛰어올라 찾아낸 방울과 엽전같은 구어비들을 갖고 놀며 하는 소리는 더욱 기가 막히는 일이었습니다. 학교에 가는 것보다 산언덕에서 노는 일이 많아지고 학교 공부보다 노래와 춤을 추며 방울을 흔들고 엽전치기를 하며 쏭얼거리는 짓은 어른들 보기에 참으로 놀랄 일이었습니다. 그러기를 일년여, 어머니의 손에 이끌려 무당집을 찾아 갔던 그 날, 처음으로 그것이 무병이란 걸 알았습니다. 의논 끝에 귀신을 내쫓는 병굿을 치던 날, 갑자기 내 입에서 터져나온 말은 "나는 장군이다. 나는 나라를 지키다 죽은 호국장수다."였습니다. 복숭아가지, 버드나무가지를 휘둘러도 소용이 없었고 구타법·화공법으로 다스려도 기세는 수구러들 줄을 몰랐습니다. 오히려 입에서 터져 나오는 말이 가관이었습니다. "나는 무당이 될거야. 큰무당이 되어 사람을 도와 줄거야." 하지를 않나, "가겟집 아저씨가 죽어" "쌀집 아저씨가 바람이 났어" 하며 헛소리를 공수라며 떠들어 대는 것이었습니다.
　우여곡절 끝에 이구에 사는 김용애선생을 신어머니로 모시고 내림굿을 받은 것이 열네살, 그러니까 꼭 50년이 되었습니다. 신어머니 김용애선생은 박식하고 굿문서가 좋은 분이었고 친구로 지내는 큰만신들이 많았습니다. 자연히 박선옥, 유옥선 같은 선생들과 교류를 갖게 되었습니다. 훗날 김용애선생이 병이 들어 무업을 못하게 될 때까지도 항상 몫을 지어 모셨던 분입니다. 70년대부터 굿을 배우기 시작한 나는 굿 욕심이 많아 십년도 안되어 어른들의 굿을 다 배웠고 박선옥선생의 문하에 들어가 굿을 하면서 신제자를 하나 둘 내려주기 시작하다보니 선생님들에게 배운 굿을 전수한 제자만도 어언 30여명이 되어 갑니다.
　칠팔십년대 굿은 참으로 힘차고 살아있는 굿문화였습니다. 교통편이 나빴지만 서해안의 섬이란 섬은 안가본 데가 없고 김포,부천소사, 시흥, 안산, 어촌이고 농촌이고 굿판이 벌어지는 곳이면 어디든 달려 갔던 그 시절, 젊은 처녀로써 춤 잘추고, 노래 잘하고 씩씩하게 굿도 잘한다는 소리를 듣던 그때가 그립습니다.

평생 신에게 붙잡혀 신과 함께 살며 신의 말씀을 전해주며 살다보니 어느덧 제가 살던 그 시대의 명인들, 선생님들은 이세상에 없습니다. 밤을 세우며 마을 대청, 혹은 안방에 환을 치고 무대 신청을 만들어 굿을 치면 온 동네 사람들이 쇼구경하듯 몰려들던 예전의 굿판은 이제는 볼 수 없는 풍경이 되었습니다. 우리세대의 큰만신, 명무들은 그처럼 굿판에서 도제교육으로 학습을 했으므로 살아 있는 굿교육이 되었고 한패가 되어 서로 굿을 나누어 하다보니 황해도 고향마을은 조금씩 달라도 서로 보고 배우고 따라하다보니 현재 사오십년 이상 굿을 해온 무당들은 서로의 실력을 훤히 꿰고 인정하는 사이가 되었던 것입니다. 오십여년 그렇게 함께했던 선생님들, 선배님들, 동료들 생각이 납니다. 선배였던 훌륭했던 명무들의 뒤를 이어 줄 우리 월남 2세대와 3세대 후배, 제자들에 의해 우리 황해도굿이 잘 보존되기만 바랄 뿐입니다.

아울러 잊을 수 없는 몇분들에게 감사의 말씀 전합니다. 갯가노래 문화재로 입문하도록 도와주신 김순제교수, 이선주선생, 차영녀선생님과 <한국민속예술축제> 작품 연출과 고중등에 힘써주신 설봉희 전도지사, 양종승박사, 이병옥교수 그리고 저희 황해도대동굿(본영리본) 문화재지정의 학술조사 심사등을 맡아 주셨던 서한범교수, 이정재교수, 김승국선생, 서영대교수, 김덕묵박사의 공으로 책을 펴낼 용기를 가졌습니다.

끝으로 구술대담과 문서정리를 맡아주신 이원섭작가(민속연구가)와 십오년간 출사비도 못챙겨 주었는데도 공연판마다 찾아와 찍은 귀중한 사진기록을 이번에 소중히 내어준 임춘섭작가의 은혜 감사합니다.

김정숙
황해도무형문화재 제6호 황해도대동굿보존회 회장
인천시 무형문화재 제3호 갯가노래, 뱃노래 예능보유자

대동굿이란 무엇인가

대동굿이란 무엇인가

(1). 대동굿의 역사성

1. 해당 무형문화재의 전승된 기간

전승기간은 세 가지로 분류할 수 있다.
첫째, 기록이전 상태인 조선시대말기로 거슬러 올라가고 둘째는, 실존했던 스승 김기백(1893-1944) 시대(일제강점기)이고 셋째는, 월남한 김기백의 제자 박선옥(1932-2005), 우옥주 이후의 기간으로 나뉜다.

2. 해당 무형문화재의 역사적 근거

해주본영리는 옹진을 거쳐 해주로 들어서는 큰길가 마을이다. 중국과의 교역로였던 곳이다. 따라서 인구가 늘어나고 외지 사람들의 왕래가 잦아지고 있었다. 특히, 물산이 풍부하여 장터거리가 형성되는 등 상업이 발달함에 따라 범죄가 늘어나고 남녀의 유별함이 훼손되면서 풍속사범과 부녀자들의 성범죄도 자연 증가하게 되었다. 예나 지금이나 남녀간의 성범죄는 윤리도덕적 가치와 함께 지탄의 대상이 된다. 특히 씨족사회인 마을에서 근친상간인 상피붙음같은 일이 자주 일어나자 촌장은 선관도사를 찾아가 물어보았다. 그러자 선관도사는 남녀 두 사람을 탈광대로 분장시켜 모의연희를 하면 예방주술효과를 얻게 된다고 일러주었다. 어느 마을 대동굿에서부터 남녀 광대놀이가 시작되었는지는 확실치 않지만 그 해부터 시작된 대동굿의 탈놀이가 인근 마을로 퍼져나갔고 점차 해주, 옹진지역에서는 반드시 광대탈거리가 굿의 한 거리로 자리잡게 되었던 것이다. 이처럼 도덕성을 기반으로 마을의 질서가 안정되고 대동단결을 이루는 예방주술적 믿음에서 광대탈굿거리가 생겨난 것은 조선사회 유교의 영향과 성윤리적 폐쇄성에서 비롯되었을 것이다. 그 후 광대놀이의 재담과 춤과 노래를 곁들인 대동굿을 펼친 이후부터는 남녀간의 성범죄 및 상피같은 그릇된 성풍속이 현지히 감소되었다. 그로부터 해주지역에서 탈굿이 열릴 때는 각 지방의 탈춤패가 모여들어 삼일에서 일주일간 대동굿을 하였다고 한다. 일반 서민 대중에게는 그 시대의 굿문화가 대중성이 강하기 때문에 가장 유효한 전달 수단인 동시에 대단히 빠른 전파력을 보였으리라 추측된다.

일월이영천 대령할 때 광대대감이 노사니다 아-예-
내광대 본영은 광대산 줄바위 광대로다
외줄을 타신 광대씨요 쌍줄을 타시던 광대씨라
남광대 여광대 구어비 남성수 따라 들어
걸립도청에 좌정하시다 불리는 길에 노십니다
못놀았다 하시지 말고 내아버지 하회를 받아
일기나 좌참에 거들거리며 노실 적에
옷을 입고 탈을 쓰고 거들거들 흐능청거려 명살이로 도와줘요
각성각문에 만복을 주고 지나가는 해에
남녀노소 아들딸에 만복을 주고
동서사방 내밟아도 액운없이만 도와줘요

광대굿에서 쓰이는 청배무가 및 공수에서 볼 수 있듯이 옷과 탈을 쓰고 실제로 예방 주술적 노래를 불렀음을 알 수 있다.

3. 해당 무형문화재의 지속성

중국·서역과의 무역이 활발해짐으로써 해주지역은 의주, 해주, 개성, 한양

으로 이어지는 교역로이며 파발역이 들어섬으로써 상업, 통신에 있어 빼놓을 수 없는 도시가 되었고, 파발역사, 객주 그리고 장터의 부흥으로 상업 활동이 매우 활발하였다. 그에 따라 문화・예술공연이 발전하여 사람들의 왕래가 빈번하고 물산이 풍부하며 생활이 윤택해졌다. 자연히 놀이문화와 민간예술 종목이 생겨나고 크고 작은 행사가 생겨 났으며 보부상들의 왕래와 맞물려 굿놀이가 자주 연행되었다. 특히, 장터를 중심으로 한 마당놀이가 연희되면서부터 탈춤과 굿놀이, 소놀이, 사당패 놀이가 고르게 발전하였다. 그결과 현재 중요무형문화재로 지정된 봉산탈춤, 은율탈춤, 강령탈춤이 모두 황해도 중·남부지역에 속해 있는 것이 좋은 예이다. 또한, 이웃하고 있는 평산의 소놀음(중요무형문화재 제90호)과 만구대탁굿(황해도 무형문화재 제1호) 등도 이 곳에 기반을 두었다. 또한 해주 검무도 역시 뛰어난 예술 종목으로 연행되었고, 배뱅이굿, 서도소리, 역시 황해도지역을 기반으로 오랜 세월 전승되면서 여러 문화 예술종목에 영향을 주고 있다. 해주 지역의 중요한 탈굿 형식인 '해주 대동굿(황해도 대동굿의 전신)'은 그 뛰어난 예술 형식을 갖추고 있음에도 불구하고 전쟁 직후 남하한 일부 무격들에 의해서 열악한 감상층과 제한된 무대를 통해 간간이 연희되고 있었다. 다행스러운 것은 걸출한 굿예술의 대가 김기백은 그 자신의 예능을 우옥주와 박선옥에게 전승시켰다, 그후 남하한 두 제자중 우옥주 계는 정학봉이, 박선옥계는 김정숙이 그 예능을 이어받아 현재에 이르기까지 전승 보존하고 있으며, 1세대 제자, 2세대 제자, 3세대 제자와 함께 보존전승활동을 이어오고 있다. 이러한 열렬한 전승노력은 앞으로도 무한한 가능성으로 지속성을 유지할 수 있는 힘이 될 것이다.

(2). 예술성

1. 해당 무형문화재의 고유성

황해도 해주 지역은 지정학적으로 벽성군의 남부지방에 속해 있으며, 서쪽으로는 옹진군과 가깝고, 동으로는 황해와 만나는 평야지대이다. 수양산을 조종사으로, 용수봉을 주봉으로 하고 시가지 남으로는 남산이 있으며 그 사이로 광석천이 시를 가로질러 용당반도의 리아스식 해안 해주항으로 흘러드니 땅이 넓고 비옥한 편이다.
　기후가 온난하고 강수량도 풍부해 사람들이 살기 좋은 환경을 갖고 있다. 해주가 황해도 대표도시로 발전한 것은 세종 31년, 병영을 황주에 두려던 계획을 바꾸어 입지 조건이 좋은 해주로 옮기면서부터였다. 뒤이어 1601년 관찰사영과 목사의 관아가 읍성에 들어섰으며 1895년 대한제국의 행정체계 개편에 따라 명칭이 해주읍으로 확정되었고 황해도청, 해주군청의 소재지가 되었을 만큼 큰 도시였으니 황해도 제일 도시임은 재론할 여지가 없다 할 것이다.
　중국·인도로 이어지는 실크로드, 중국과의 조공무역이 활발해짐으로써 산업의 중심 도시로 바뀌면서 그에 따른 문화, 예술공연이 생겨났다. 생활이 나아진 상공업자(보부상,객주,수공업자등)들이 주로 공연을 즐겼으나 점차 일반서민 대중들까지 탈.굿놀이를 향유하게 되었고 생활이 윤택해진 계층이 늘어날수록 다양한 놀이문화와 민간 예술이 꽃필 수 있었다. 전란이나 기근 등으로 이따금 놀이가 중단되기도 했지만 잊혀진 지역 고유의 예술형식을 재현하려는 문화향수층과 연희패들의 노력으로 단절되지 않고 계속 보존 전승되면서 지역의 고유한 문화예술의식으로 발전하게 된 것이다.
　해주 대동굿이 시작되면 먼저 옹진 본영에 있는 광대산에 올라 남녀 광대신을 모신다. 이는 해주뿐만 아니라 옹진군 일대의 여러 마을에서 대동굿을 할 때도 관습적으로 행해졌던 전통이다. 본영의 북면쪽에 화산이 있는데 이 산을 둘러싸고 있는 마을이 화산리이다. 화산 정상에는 삼사십 명의 사람이 앉을 만한 터가 있는데 이곳이 망국단이다. 화산건너편으로는 광대산이 있다. 이곳이 탈굿놀이의 본산인데 여기에서 경관무당은 의식을 갖추고 광대신을 모시고 온다. 광대신을 모시지 않으면 광대거리를 할 수 없었기 때문에 경관만신과 소임, 굿패 등과 함께 탈에 실린 남녀 광대신을 모시고 내려오면 당주굿 또는 당주집 고사를 지내고 다음날부터 당산 뜰 앞에서 삼일동안 굿을 친다.

　보통 대동굿은 마을마다 삼년들이(격년 또는 식년) 오년들이로 하고 삼일-오일 특이한 경우 칠일까지 하는 마을도 있었다. 굿패와 마을 대동전체가 어우러져 대략 스물네 거리가 펼쳐진다. 이러한 대동굿은 분단의 비극인 한국전쟁때까지 계속되다 월남한 황해도 지역민들에 의해 오늘날에는 명맥만 유지한 채 발표회 형식으로 이어져 오고 있는 형편이다.

2. 대동굿의 표현미

　주무인 무당이 남광대로써 아버지의 역할을 하고 딸이 여광대로 출연하여 마을의 성풍속의 질서를 정리하고 제액, 풍요 등의 의식을 공수(주문), 노래(덕담), 춤(탈춤・무당춤), 황해도 전역의 팔광대들이 참여하여 추는 활달한 팔먹춤 등이 다양하게 선보이는데 이는 해서 지역 문화의 종합연희극같이 다채롭다.

형식미

　전형적인 황해도지역 강신무격들의 굿형식을 취하고 있어 활달하고 흥겹다. 또한 여타 다른 지역의 굿에서는 볼 수 없는 광대거리가 있으며 황해도 전역의 광대탈이 등장한다. 이야기성 즉 줄거리가 있는 탈극이 있다는 점과 굿에서 쓰이는 탈이 해서지방의 탈형태와 유사하다는 점, 등장인물이 남광대와 여광대로 구별되어 있으며 대동성을 상징하는 여러지역 탈놀이패가 함께 참여하여 흥을 돋우고 무당과 장고산이가 서로 재담을 이어 주면서 연극적

요소를 충실히 지켜 나가고 있다는 점이 특이하다.
 또한, 대사의 양도 많은 편이고 내용도 충실하며 재담과 춤, 장단 등이 해서지방의 여타 탈춤과 매우 닮아 있는 등 황해도 대동굿의 형식과 탈춤형식을 고루 갖추어 보존하고 있다.

내용미

 굿의 순서가 다채롭다. 대략 24-30거리로 구성되어 있다.
 광대신모시기 --> 당주집굿·고사 --> 신청울림 --> 당산굿 --> 세경돌기 --> 대동문굿 --> 초부정굿 --> 초감흥굿 --> 영정물림 --> 복잔내림/소지올림 --> 칠성제석거리 --> 소대감굿 --> 성주굿 --> 사냥굿 / 군웅굿 --> 성수굿 --> 토일성수굿 --> 도산말명굿(방아찧기 놀음) --> 타살감홍굿 --> 먼산장군굿 --> 대감굿 --> 장군굿(비수창검, 작두굿) --> 광대탈굿 --> 조상굿 --> 목신서낭굿 --> 호살량굿(호영산마누라) --> 대동마당(뒷전) 이 기본이며 어촌마을에서는 풍어형식의 다릿발용신굿·영산굿·뱅인영감굿·강변굿 등이 추가되기도 한다.

 해서지역의 강신무적인 굿의식 24거리와 광대탈굿 거리가 갖고 있는 기능은 여타지역의 굿에서는 볼 수 없는 특이한 형식이다. 동해안별신굿의 탈굿, 제주도 지방의 도깨비 놀이인 영감놀이, 진도서외리 도깨비 굿 그리고 서해안대동굿의 영산할아뱜 할먐거리의 탈의 형태나 역할 등과 비교할 때 그 예술성이나 가치가 결코 낮지 않다. 여타지역의 탈굿 놀이에서는 없는 노래(타령조)가 들어 있으며 광대들이 주고 받는 재담도 특이하고 탈춤과 더불어 줄타기 놀음(어름)등의 사당패 예능까지도 엿보인다. 탈의 형태나 재질도 해서지역의 목탈 또는 바가지·종이 등의 다양한 재질을 사용하는 전통을 고스란이 이어받고 있다.

(3). 학술성

굿 예술은 민간의 생활과 문화, 종교적 심성에 기인하는 바, 고대제천의식에서 기원하였다는 학설은 이미 학자들에 의해 어느 정도 학문적으로 정립되어 있다. 그러한 민간의 정서와 생활 풍습 그리고 행복을 추구하고 지역사회의 협동단결과 농경, 어로 사회에서의 풍요(풍농,풍어)를 추구하고 대동간의 단결과 안녕을 꾀하는 인간들의 본능적 희망은 '민간신앙' 이라는 종교의식으로 정제되어 민간에 정착되었으리라 짐작된다. 특히, 농경어로가 혼재된 서해 중부지역은 지정학적으로 지역적 특징인 토리의 차이로 인해 각기 다른 굿 예술로 분화 발전되며 지역적 차별성을 지니게 되었다.

해서지역의 평야와 서해안을 생활의 터전으로 삼고 있는 해주, 옹진 등의 지역에서는 도시적 생활풍습과 어로생활풍습이 혼재되어 있었고 조선시대의 유교적 영향으로 인하여 성문화질서, 계급의 한계성 등이 엄존하였다. 이러한 환경 속에서 해주와 옹진일대에서는 굿만으로는 충족되지 않는 욕구가 있었고 다양한 계층의 필요에 따라 제액축출과 대동의 평화, 질서 유지에 대한 새로운 굿 문화형식이 생겨나는데 그 형식이 바로 광대탈굿거리다. 이 광대탈굿거리는 해서지역의 현존하는 문화재 지정종목인 강령탈춤, 봉산탈춤, 은율탈춤의 탈놀이와 서로 교호관계하면서 굿 의식 속에 한 거리로 자리잡게 되었다. 특히, 서해안대동굿의 영산할아뱜할먐거리와 비교되는 것으로 남녀광대와 팔광대가 함께 출연함으로써 강신무격에서는 볼 수 없는 기예인 바, 연구와 보존, 전승이 필요한 굿 예술이라 할 것이다.

(4). 지역적 차별화와 동질성

1. 황해도 해주, 옹진 등 농촌과 어촌으로 이루어진 지역에서 오랫동안 연희되었던 무형유산인 대동탈굿은 6.25 한국전쟁 후 상당수의 인구가 서해안

의 해안을 이용해 월남해 인천, 강화, 김포, 화성, 당진 태안 등 경기에서 충남지역에 이르기까지 광범위하게 정착하게 되었다. 아울러 인천지역은 월남인구와 비례해 한수 이북의 강신무의 숫자가 크게 증가하였고 자연스럽게 단골판도 형성되어 오늘에 이르기까지 이북굿이라는 별칭으로 황해도, 경기도 북부지역의 무속문화가 남쪽지역에서 찬란히 꽃피었다. 서해안대동굿, 배연신굿의 김금화유파(제 82호-2), 거첨지역의 김매물유파(꽃맞이굿, 인천시 무형문화재), 평산소놀음굿의 이선비유파(제 90호), 만구대탁굿(황해도 문화재 제1호)의 정학봉유파 이외에도 우옥주, 박선옥, 유옥선, 김황룡, 김경화, 송옥순 등 굵직굵직한 무당들이 많았다. 그들은 같은 서해안 문화재를 공유하면서 인천지역에서 활동하며 각기 문화재 보유자 또는 독특한 옛 지역의 대동굿 문화를 전승하면서 거주하다 이제는 김매물, 정학봉 외에는 모두 타계하였다. 그러나 인천 강화 등 서해안지역을 근거로 한 문화의 전승은 제자들에 의해 면면히 이어져 내려오고 있다. 그러므로 단골판이 형성되어 있고 황해도와 서해5도 그리고 인천연근해의 지정학적 관점으로 볼 때, 대동굿의 지역적 동실성 및 차별성, 변별성이 함께 공존하는 바 넓게보면 황해도 대동굿 문화영역으로 수용하는 것이 타당하리라 본다.

2. 대동굿 중의 광대탈거리는 박선옥계 김정숙 유파가 연희하고 보존, 전승하고 있는 특이한 거리이다. 우리 굿놀이에서 탈을 쓰고 노는 거리는 전국적으로 살펴보아도 동해안 지방의 별신굿에서 연희되고 있는 탈굿, 제주지역의 영감놀이, 진도서외리 도깨비굿, 서해안대동굿 김금화유파의 영산할아범할맘거리 밖에는 볼 수 없다. 특히, 해서지역은 의주를 통해 중국으로 가는 무역로로서 객주, 파발역, 장터가 형성되었고 장터문화, 조공무역문화, 보부상문화의 기반 아래, 농,공,상업이 고르게 발전하면서 경제적 여유와 문화감상에 대한 저변층이 넓어졌다. 이에 사신들을 위한 산대놀이(서울, 경기)와 궤를 같이하는 해서지역 탈놀이가 함께 발전되었다. 그에따라 대동굿판에도 해

서지역 탈놀이가 자연스럽게 유입되었고 이처럼 굿과 조화를 이루어 연행되면서 특별한 굿문화 예술이 형성되었다. 이러한 특이한 민간예술은 한국의 오래된 전통문화로써 보존될 가치가 충분하며 다양성과 독특성, 그리고 탈놀이와 굿놀이의 교묘한 종합예술형태를 띄게 되었다.

2. 전승과정

(1). 전승활동 내용

전승자 김정숙은 2005년 작고한 박선옥의 진오귀굿을 계기로 해주본영탈굿 보존회를 설립하고 김상순, 노순자, 김숙자, 박광례, 김민애, 장경숙, 남옥주, 이영주, 오연희, 박순희, 노진단 등과 함께 보존활동을 시작하였다. 제1회 해주본영대동굿을 발표하면서 황해도청 소속팀으로 등록한 이후 도의 열렬한 지원을 받아 대표가 되었으며 2006년 제17회 《한국민속예술축제》에 출전하여 그동안 갈고닦은 실력을 유감 없이 발휘하여 단체상 금상과 개인 연기상을 수상하게 된다. 당시 전라북도 정읍에서 열린 대회에서 전북팀에게 대통령상을 놓친 것은 아까운 일이지만 두 번째로 큰 금상 수상(문화관광부 장관상)과 개인 연기상까지 수상한 것은 매우 값진 일이었다. 그 이후 황해도지사와 도민회 등의 끊임없는 격려와 후원으로 보존, 전승활동을 계속 해오고 있다.

통일동산 오두산 전망대(경기도 파주 소재)에서는 매해 추석에 망향제를 지내는 이북5도민을 위해 이 대동굿을 연희하고 있으며 (10년간 지속) 설과 추석에는 용인민속촌 야외무대에서 5년간 대동굿 공연을 해왔으며 순천, 낙안읍성·문화재 전수회관·국립민속박물관·남산국악당 등에서 서울문화재단 등 여러 단체로부터 후원을 받아 발표 공연을 계속 해온 결과, 현재 10회의 정기발표회 등 수십 회의 발표공연을 통해 대동굿을 일반 대중에게 널리 알려왔다.

(2). 전수교육 실태

 2011년 황해도 해주대동굿으로 명칭을 바꾸어 2기를 맞은 후 인천시 부평구 십정 1동 300-31에서 회원 15명으로 출발 (사)한국축제포럼 초청 시연, 일지아트홀 힐링콘서트 공연 등을 펼치며 새로운 체제를 갖추었다. 그리고 2015년 황해도 대동굿으로 명칭을 변경하여 오늘에 이르고 있다.
 본 회는 2005년 1기. 2010년 2기(손유희, 손부명, 임정예, 윤혜정, 남현우, 오수자, 김민애(이상 무격), 진미애, 허영완, 이은실(이상 악사), 임정훈, 박은경, 오금태, 이우진(이상 광대) 시대를 지나, 2013년 3기(박복실, 윤희경, 오금태, 이존순, 김대규, 유현희, 김휘옥, 곽시영, 손미진, 정영심, 이미미(이상 무격), 박덕근, 김재준, 기우철, 채점숙, 김수현(이상 악사), 김정숙, 유현희(이상 광대)에 걸쳐 활동해오다 2015년부터 황해도대동굿보존회를 정식 등록하고 신규회원을 보강해 윤혜정, 박순희, 김휘옥, 손연지, 강창용, 이존순, 박옥 등 25명이 정식회원으로 등록했다.

(3). 해당 무형문화재의 사회적 관심 및 수요현황

 전 세계는 바야흐로 문화전쟁시대, 자국의 고유하고 독특한 전통문화를 발굴, 개발하고 보존 전승하여 문화를 통한 국가의 권위, 역사성을 자랑하려 필사의 노력을 기울이고 있다. 유네스코문화유산 지정에 국가간 이해충돌이 빈번한 것도 좋은 예가 아닐 수 없다. 또한 관광자원, 한류의 세계화에도 기여할 수 있고 우리의 전통문화가 모두 한국문화 예술의 원천 소스인 것은 자명한 일이다. 황해도대동굿의 여러 종목들은 오래된 전통예술형식을 갖고 있다. 사냥굿거리, 도산말명거리, 칠성제석거리, 토인성수거리 같은 굿이 그러하다. 그중에서 광대탈놀이는 세계문화유산에 선보여도 손색이 없을 만큼 노래(歌), 춤(舞),음악(樂), 이야기성(戱劇)이 풍부하며 흥미성과 재미성이 강하고 악가무뿐만 아니라 복색, 상차림과 더불어 화분(무신도), 지화(종이꽃

작업), 등의 미술사적인 전통적 가치가 있으며 다른굿에서는 볼 수 없는 독특한 예능이 들어있다. 특히 광대탈굿까지 들어간 종합예술적 형식의 굿 의식은 전국의 수많은 굿 가운데서도 쉽게 찾아보기 어려운 예능종목이다.

그동안 수많은 공연을 해왔지만 예능에 공감하고 함께 즐기며 향유하는 문화기획자, 예술 감독, 단체들의 호응에 힘입어 베풀었던 공연 중 최근 3년간의 실적만 간단히 소개하기로 한다.

① 힐링굿페스티발 공연(2012년. 일지아트홀) 250석 전석 매진.
② 대둔산장생축제 공연(2012년-2014년 2회). 500명 이상의 관객 동원.
③ (사)한국축제포럼 초청공연(2013년. 천우극장. 학자 150명, 현장 기획자 참여 작품)
④ 국립민속박물관 공연(2012, 2014년 2회. 설날특집. 내·외빈 관객 300명. 매진)
⑤ 운현궁 일요마당 초청공연(2015. 10. 18. 1회)
⑥ 한국축제박람회 초청공연(2015. 7. 2. 1회. 1,000명 이상 관객 동원)

황해도대동굿(본영리본)

알기쉬운
황해도대동굿 (본영리본) 들여다 보기

1. 대동굿의 개관

 대동굿은 한마을의 공동집단체제를 뜻하는 대동(大同)에서 볼 수 있듯이 전공동체가 함께 참여하여 벌이는 제의이다.
 제의의 목적은 마을의 안녕과 화해를 도모하고 풍농과 풍어를 비는 제의성이 강조되고 있으므로 다분히 보이지않는 신성(천신·하늘)이 강조되고 대동의 화합과 단결을 통해 평화롭게 살게 해달라는 종교성이 내포되어 있는 것이다.
 단순히 한마을을 뜻하는 고을 동(洞)으로 표기하지 않는 것도 그 때문이다.
 대동굿은 대동제로도 혼용에 쓰이는데 이는 유교식 제사의식이 섞여서일 수도 있고, 부정기적 제의(격년 또는 삼·오·칠년들이)일 경우 고사로 대신하는 의식의 총칭일 수도 있다. 또는 도선교적, 유교적, 불교적 제의가 혼용 습합된 결과라고 말하는 학자들도 다수 있으나 불교는 제 대신에 재(齋)를 뽑아쓰고 유교는 반드시 제사라 해서 사(祀)를 중요히 여기므로 오히려 아주 오래된 도·선교적 제의식에 더 가깝다 할 것이다.

물론 우리의 민간제의에서 굿의식이 삼한·삼국시대부터 널리 행해진 것으로 보아 도·선·유·불의 영향이라기보다는 아주 오래전부터 전승돼온 한민족의 고유한 풍속제의라고 보는것이 더 타당해보인다.

이는 고구려의 '동맹', 부여의 '영고', 예의 '무천' 의식에서 "삼일 밤낮을 가무와 함께 굿을 펼쳤다"는 기록이 이를 입증하는 것이다.

황해도는 비옥한 땅과 연근해어업이 발달되어 있을 뿐만아니라 지리·정치적으로도 한반도의 중심문화권이었다. 고구려 지배하에서는 수도평양에서 서경(개성)까지가 중심지역이었고 고려에서는 수도의 중심지, 조선시대는 한양과 평양의 중간지대였다.

또한 명·청과는 교역과 사신로로 연결되는 교통 통신(파발역참/ 우편국역할·봉수대 봉화 / 전신 전화 역할)이 관통함으로써 오랜 세월 한반도의 중심역할을 담당해온 곳이다. 따라서 문물과 제도가 타지역에 비해 월등하고 관가·역사·객주·장터를 중심으로 각종문화가 번영하였다.

이러한 까닭에 악·가·무와 연희극 (산대 놀이·탈춤 포함) 등이 성행하고 종합예술축제성격의 대동굿이 마을마다 베풀어졌던 것이다.

이를테면 대동굿은 농경 어로 사회뿐아니라 원시적 상공업 자본사회로 들어설 때까지 해서지방의 중요한 제축 행사로 면면히 이어져온 최고 최대의 문화의식의례였던 것이다.

2. 대동굿의 구성

제관을 중심으로 굿 기간동안 집례를 돕는 소염 (3-9명)이 있고 도가집 (당 관리자 역할)과 당주무당 그리고 마을 풍물패 (대동계·청년회)로 구성된다.

<모두산 통일전망대 발표공연2006>

　예전에는 대동계를 중심으로 한 마을회의에서 추대하는 가장 존경받는 어른이 제관을 맡았으나 점차 유지 중 경험 많은 노인층이 돌아가며 맡았고 소염도 마을에 따라 상·중·소염 3명에서 많아야 9명으로 구성된다.
　소염은 소임(所任)의 방언으로 마을의 대소사에서 일을 맡아 돕는 사람에게 쓰이는 말로 대동굿의 제수준비·음식에서부터 집사 역할까지 모든 일을 도맡는다. 그리고 황해도·경기북부지역에서는 도가집·당주집 당가집 (중부 남부)으로 불리는 제당관리집이 무당을 선정해 추인을 받는데 때로는 당주집이나 그 가족중에서 무당역할을 겸하는 수도 있었다. 물론 대동굿같은 큰굿의 경우 몇몇이 할 수는 없으므로 재주있는 무당들이 인근마을로부터 충원되었다. 현재는 대동계가 사라지고 구장·리 통장을 중심으로 추진위원회가 구성되어 하지만 해방전후까지는 이러한 체제가 그대로 살아있었다. 경관무당 선정에 제비뽑기나 투표제도가 생긴 것도 이후부터였다

동네 풍물패 역할도 굉장했다. 농사일(모내기・김매기・벼베기)할 때 농기 앞세워 악기를 치며 놀던 동네 풍장패가 굿 시작때나 중간에 치고 놀기도 했는데 이러한 예는 서해안대동굿・배연신굿(무형문화재 82-2호)의 배치기 패들의 놀이에서 그 흔적을 찾을 수 있다. 원래 고기잡이배가 만선을 하고 돌아올 때 어부들과 마을패가 한데 어울려 만선을 축하하며 치고노는 배치기소리가 그것이다. (태안 '창리풍어제', '황도풍어제' 참조)

 농촌・어촌 마을마다 그런 풍속은 비슷했다. 대체로 바다연안은 반농반어 마을이었고 내륙지방에서는 농사가 주업이었다. 이러한 지역적 특징으로 황해도대동굿은 크게 내륙형과・해안형 두가지로 나누는데 반농반어 마을은 양쪽의 형식을 마을에 맞게 거리수가 가감된다.

 내륙형은 전형적으로 농경이 주업인 까닭에 "소놀이"같은 극이 연희되는 반면 해안형은 어로와 관계된 극놀이, 이를테면 고기잡이풍년을 위한 제의식이나 놀이극이 연희된다. 먼산장군・강변굿・다릿발용신굿거리의식과 영산할아뱜할맘거리나 벵인영감거리같은 극놀이가 그것이다. 이는 서해안주어종 조기잡이의 신 임장군놀이(주신/임경업장군)의 연장선상에서 바다와 긴밀한 관계를 맺고 있는 놀이임을 알 수 있다.

 또 한가지가 해주 옹진 일대에서 벌어지는 광대탈굿인데 이는 광대산의 광대신이 주신이 되어 인근 여러 마을에 유래되었다고 전해진다. 이는 지리정치학적으로 교통・시장경제와 관련되며 사당패놀이・산대극놀이등과 상호 교호하면서 형식이 다양화되고 분화 발전을 거듭한끝에 현재의 해주본영대동굿으로 명맥을 유지하고 있다.

 원래 해주감영과 그리 멀지 않은 본영리에서 연희되었다고 해서 "본영리탈굿"이라고도 불리우는데 이는 해주출신의 걸출했던 남무 김기백 시대에 찬란히 꽃피우다 한국전쟁 후 남하한 월남민 중 김기백에게 기예를 사사한 우옥주와 박선옥 여무 등에 의해 광대굿・탈놀음굿이라는 이름으로 남아 오늘에 이르렀던 것이다.

3. 제당치레와 젯상차림

(1) 당맞이

제관을 앞세우고 소염(제집사 역할)이 당기(마을의 유래나 특징에 따라 장군기나 서낭기등의 형상을 띤 마을기)를 들고 행차에 나서면 추진위원회장(구장·이장·통장이 겸임) 경관무당(主巫)과 조무(助巫) 기본악사 2-3명 그리고 당주집이 그 뒤를 따른다.

당산이나 마을당에 올라가 당맞이굿을 치거나 간단히 비손을 하여 신을 모셔 내려오는데 분단이후 이 의식은 생략되고 현재는 문화재종목의 전승의식 때 가끔씩 선보이는데 마을 산이나 해안가바위, 고목을 당으로 삼거나 임시당을 만든다. 현재 인천 강화 안산 시흥 태안 등 서해안지역에서 재현,발굴되어 연희되는 형식은 당산을 모시고 돌아오는 길에 세경돌기를 겸하고 제당에 들어오며 문굿을 하고 당산굿을 이어치는 형식으로 약식화되었다.

황해도대동굿(본영리대동굿)은 광대산에서 광대맞이굿을 한거리 하고 광대신을 모시고 내려오는데 이는 광대탈굿의 대사."나는 광대산 줄바위에서 왔다" 거나 "탈은 벗어 당에다 걸구, 옷은 벗어 광대산에 걸구 내년 대동굿에 다시 옵세다." 등에서 그 흔적을 찾아볼 수 있다.

(2) 제당치레

　마을의 가설당에 굿당을 차리면 일월성신·옥황상제·감흥신을 중심으로 위와 좌우에는 산신과 용신도를 갖춰 달고 장군과 군웅신·신장과 대감 등 호위신의 화분(환·당화)을 상하좌우에 건다.
　그리고 소당이라 해서 인간의 수명장생과 관계되는 수호신적 의미를 담은 칠성제석님·대신·각종 도사 와 대사님·거기에 큰 성수님부터 무당의 역대선생들의 성수까지 고르게 배치한다.
　이 화분의 배치는 마을의 유래나 유파의 전승에 따라 위치가 조금씩 다르게 걸리며, 각종 동자신과 시대왕(명계十王)·긴대업(蛇神) 호산령(범) 등 6—70 여개의 무신도가 무대 전면과 측면, 문설주앞에 구별해서 배설된다.
　제당마당에는 오색 종이로 만든 봉죽과 서리화를 중심에 세우고 사방위에 장군기(임장군 등) 2—3기·서낭기 2—3기· 뱃기(백색기1·2기. 어촌 풍어제나 배연신에서는 배의 숫자)를 장대에 달아걸고, 장발도 각색으로 맞춰 감흥장발을 가운데 중심에 위설한 후 하늘로는 칠성장발, 땅으로는 장군장발을 허공으로는 칠성장발과 소당장발(어촌·풍어제 경우)을, 출입문 바깥으로는 군웅장발을 설치한다.
　그런 다음 제당 위에 각종 지화를 꽂는다. 좌우에 수팔연화를 만들어 꽂고, 그 사이에 산신화 일월화 삼신화(백모란계열)와 장군화 등 8—12계열의 꽃을 나란히 진설한다.
　시루도 각 신위를 위해 따로 준비하고 백시루(감흥시루·일월시루·칠성시루 산시루 등) 와 색시루로 나뉘는데 백시루가 많다. 콩·팥 등 고물이 섞인 시루는 감흥· 대감·장군·군웅 등은 팥시루도 올리며 용신시루는 백시루로, 업시루·별상시루는 검은콩을 넣고 빚고 각 시루마다 서리화대와 오색꽃을 치장해 꽂는다. 그리고 그 위에 전발이라 하여 주렴처럼 설기설기 오려낸 한지를 둘러쳐 젯상의 품격을 한껏 높인다.

(3) 젯상차림

 젯상의 종류는, 일월 산신상도 따로, 감흥상도 따로 장군 상과 조상상도 따로 차려서 제당 맨앞 성소에 배설하는데 근래에는 감흥상(大床)을 중심으로 하여 한상 안에 좌우로 진설하고 산신상·조상상·용왕상 등만 따로 차린다.

 제물의 종류는 모말에 백미를 담고 감응부채·명두·실타레를 함께 치장하여 중앙에다 배치하고 다른 제물 차림은 일반적인 굿과 제사, 대제나 수연상 차림과 비슷하게 차리는데 제물 종류는 크게 보아 오색나물과 과일, 전과 사탕, 유과와 생조기, 건어물과 밥주발(메)이 기본으로 올라간다.

 그중 떡과 술(신주)이 중요한데 떡도 종류에 따라 해달 반대기라고 해서둥글레미달떡과 인절미 세 가지는 꼭 올리며 요새는 절편, 송편, 증편 등 너댓 가지를 곁들인다, 술도 맑은 술과 탁주, 근래에는 중국술·양주까지 고르게 올린다.

 이러한 상차림이 끝나면 백초를 켜고 향을 붙이고 신주(조라술)를 상마다 따로 올린다.

4. 무구와 악기

(1) 무구와 치레

굿의식에서는 무구삼명도라고 불리우는 것처럼 부채·방울·명두가 기본이다.

부채는 일월 산신부채, 칠성, 만성수부채 애기씨부채에, 대감부채와 같이 접부채 등 5종이 쓰이는데 선녀나 신선·창부 등의 세속적인 장신구용 부채도 사용된다. 난곡의 《무당내력》에도 부채가 5종 또는 7종으로 나와있는데 이는 서울,경기등 중부지역의 열두거리에 쓰였던 것이다. 황해도 역시 5종은 기본이고 그림이 없는 접부채가 대감거리 등에서 쓰여진다.

방울은 아흔아홉 상회라하여 청배의식이나 쇠열이 시작전에 바라뒤집기에 쓰는 대성수 방울이 있고 대신할머니나 창부거리에 쓰는 소상쇠방울이 있으나 서울 경기지방에서 주로 쓰일 뿐 황해도굿에서는 겹굿일 때만 사용된다. 또 한가지는 뚝대에 매다는 뚝대방울인데 한조 2개로 구성되어 있다.

명두는 해와 달 북두칠성이 그려진 일월명두로부터 산신명두 칠성·대신명두에 대명두 소명두로 크기가 다른 명두를 비롯해 무당의 길에 본명두(일월)까지 8종으로 이루어져 있으며(아홉명두 팔성수) 둥굴고 겉이 곱게 연마되어 사물이 반사되는 게 특징이다. 또한 조각이 있고없고에 따라 각명두와 민명두로 구분되기도 한다. 또한 화경이라 해서 손잡이가 달린 거울이 있는데 감응상에 꽂기도 하고 점을 칠 때도 쓰고 성수를 놀리거나 부인님 거리에 신의 동경처럼 쓰이는 무구인데 이 또한 명두계열에 속한다. 고분에서 출토되는 동경과 궤를 같이하는 것으로 육당최남선에 의해 무구 삼형제라고 기술된 바 있다.

칼종류는 칠성검 대소 장군검 신장칼과 대신칼, 사냥거리·군웅거리에 쓰는 군웅칼(큰 식칼형태)과 청룡연월도, 검무용 단검이 있다. 그중 중요한 것이 도신장칼이다. 일월도라고도 하고 서울·경기굿에서는 월두라고 부르는데 청룡연윌도의 행태로써 신당에 세워 두었다가 대동굿을 하거나 큰굿(진작 등) 때 모시고 나간다. 또한 대소 삼지창도 검종류에 포함하여 무구로 쓴다. 이처럼 굿의 칼종류는 의식도와 대소 삼지창 까지 종류별로 다양하다.

그런 다음 제당 위에 각종 지화를 꽂는다. 중앙이나 좌우에 수팔연화를 만들어 꽂고, 그 사이에 산신화 일월화 칠성화 장군화를 비롯해 성수님꽃 도사님꽃 도산꽃 조상꽃 선녀화와 동자동녀꽃 등 12가지 꽃으로 치장한다.

조선조 말까지는 염료술도 발전했고 물감이 풍부하여 오색꽃을 만드는데 지장이 없었으나 일제 강점기와 한국동란을 거치며 점차 오색꽃이 사라지고 주로 흰색계열로 치장하거나 수팔연 한가지만 사용하기도 했으나 대동굿만은 반드시 오색을 구해 화려하게 제당을 장식해왔다, 근래에는 산업화로 인해 물산이 흔해지면서 이제는 만물상의 조화가 대세를 이루어 사서 쓰는 바람에 현재에는 꽃이 천편일률적이 되었지만 솜씨있는 무당·악사들의 역량에 따라 제대로 꽃을 만드는 패들이 아직도 다수 존재하고 있다.

특히 황해도대동굿은 꽃을 중요하게 여기는 편이어서 굿패마다 한두명씩은 뛰어난 실력을 갖춘 장인들이 존재한다. 따라서 그들 예인 집단에 의해 무화뿐 아니라 화분(무신도) 깃발 대신발 꽃갓 같은 무구의 제작기술도 면면이 보존 전승되어올 수 있었던 것이다.

꽃의 모양은 입신양명과 부귀공명을 기원하는 모란꽃이지만 실제로 빚어진 꽃송이는 도리어 함박꽃에 가깝다.

그래서 함박꽃과 모란을 혼용해쓰는 학자들이 많다. 색갈은 산신화 칠성화 도사님꽃은 백모란이다. 일월화라는 해달꽃과 장군화는 오색모란이고, 조상꽃은 노랑색 등 색갈도 다양하다.

수팔련화는 수명장생과 부귀공명하고 인간점지와 해산,무병무탈과 입신출세 등을 기원하는 인간의 소망을 담은 꽃이다.

그러므로 연꽃을 중심으로 맨위에 꽃봉우리 형상 혹은 인두(人頭) 모양을 솟게 하고 모든 종류, 다양한 색갈의 꽃을 한데 모아 만들므로 풍성하고 화려하다.

실제로 서울·경기지역굿에서는 어떤 종류의 굿에서건 수팔연꽃을 반드시 만들어 올린다.

꽃은 신을 형상화함과 동시에 신에게 바치는 정성을 의미한다.

쌀과 오곡. 과일 등의 제물과 조라술·향· 초 공양을 올리듯 꽃도 신에게 바치는 공물의 의미를 지니고 있는 것이다.

이처럼 오색 무화로 제당을 장식하는 전통은 강릉단오제·동해안별신굿의 초화와 제주지역의 기메와도 일맥상통하는 것이다.

마을굿의 형식에서는 꽃은 종류의 가감은 있을지언정, 반드시 사용했던 것이다. (마을 전통에 따라 단 한송이꽃을 꽂는 마을도 종종 있다)

황해도굿에 사용되는 지화

동해안별신굿 초화

(2) 악기

　악기는 무의식 악기와 놀이용 악기로 구분한다. 무의식 악기는 굿을 진행하는데 필요한 장단악기인 장고와 징, 제금이 있고 선율악기로 피리와 태평소가 있어 악가무의 반주를 담당한다. 이는 악사들이라는 전문 반주자들에 의해 사용된다. 또 하나는 굿을 주재하는 무당에 의해 쓰이는 무악구로써 요령, 갱징, 바라(칠성거리), 북(신장·도사), 목탁(중불사), 나각(뿔나각) 이나 기타 여러가지 민속악기들이 사용된다.(성수거리, 조상거리 등에 사용)

　놀이용 악기는 농촌마을, 어촌마을 등에서 쓰이는 풍물들이다. 꽹과리, 장고, 북, 징, 소고, 나각(소라)등 각종 악기들이 놀이 음악으로 사용된다. 이처럼 굿에서는 아니쓰는 악기가 없고 아니 사용되는 무의식구가 없을만치 그 무격들의 재능과 마을의 풍습에 따라 대동굿이라는 놀이문화와 함께 연행도구로 사용되곤 한다.

　황해도대동굿 본영리본에서 역시 빼 놓을 수 없는 무속구는 광대탈이다. 박선옥선생때부터 쓰는 남광대과 여광대탈, 그리고 오광대, 팔광대탈은 전형적인 해서지방의 탈이다. 팔광대탈은 팔먹중탈형식이며 남광대는 말뚝이, 여광대는 소무탈에 가까운데 노는 형식은 봉산·강령·은률과는 달리 남,여광대 둘이서 극을 이끌어가는 점이다. 팔광대역시 팔먹중탈이지만 황해도의 각지방출신 광대들고 분장해 논다.

각거리별 청배무가 및 굿의 진행 의식

각거리별 청배무가 및 굿의 진행 의식

(1) 신청울림

<청배의식>

사방위를 향해 배례(拜禮)

<아뢰는 말>

천주당을 울리고 만주당을 울리고
하늘로 가는 주당이요 땅으로 가는 주당이요
부엌으로 가는 주당이요 ……
아혼냐, 오늘은 다 이 정성을 드립니다.

바깥부정
마당에서 간단한 제물상을 앞에 놓고 굿하는 연유를 알리는 거리

<부정 청배>

사바세계 남선부주 해동하군 조선국에
지정으로 나랏님 지정 궐내하군 부군님 궐내
해원단년 00년 달에 월공 00본명 날루 공수 00날
이내 마을로 00이요 동구동명 00동에
금일 상날 잡아 각귀둥신님네 대접하려구
대동신사 대령입니다.
부군할아버지 부군할머니 본당성황님
시를 잡아 신청 울립니다 놀라지 마세오
천하주당 지하주당 우리나라 이씨주당
저나라 천자주당 강남으론 호기주당
먼리타국에 사신주당 의주월강 왕래주당
먼산주당 본산주당 골골이 선왕주당
마루마루 선왕주당 들루나려 수살주당
대문간에 수문주당 마굿간에 육축주당
터왕터전 지신주당 마루대청 성주주당
방안으론 사준주당 부엌으론 팔마사천 제대주당
용마루룬 용초주당 뒷마당에 벼락주당
앞마당에 번개주당 만부정을 풀어낼제
만부정을 제술하여 내상문에 진상문
눈으로 보는 상문 귀로 듣는 상문 이름성두 아는 상문
해묵은 상문 철묵은 상문 어른 죽어 거상 상문
애가 죽어 동자 상문 만상문을 풀어다가 의주월강 소멸하오

<춤>

안부정치기
음악반주에 맞춰 물과 불을 피워 제당과 사방을 정화시킨다.

<제물상 앞에서 부정춤을 추고, 불부정을 친 후 둘러내어 대신칼을 던져 마감한다.>

대신칼던지기

(2) 당산굿(당산맞이)

<당산 배례>

당산에 절하고 사방위를 돌며 신을 청해 들인다.

주무는 마을의 당이나 임시로 마련된 당산에 당산상을 차려놓고 홍철릭과 꽃갓을 쓰고 신을 맞는다.
2012년 화도진공원 발표회

<만수받이>

모여라오 모십니다 본산신령님 모십니다
본산신령님 모실 적엔 상산부군님들 모십니다
천하궁으로는 삼이삼천 지하궁으론 이십팔수 사파세계는 남선부주
해동하군 조선국에 지정으론 나랏님 지정
궐내전으론 부군님궐내 해원단년 00년에
달에월공 00본명 날루공수 00날에
이내말루 인천이요 동구동명 00동에
가정 성씨는 김씨나 가중 안당 기주는 이씨 안당
일대동 만대동에 각성각문 남녀노소 복을 사자고 대접이요 명을 사자고 정성이요
원천강에 날을 골라 주역팔괘 시를 잡아 생기복덕 가려낼제
일중상기는 이중천이요 삼화절제 사중유혼
오상화에 육정복덕 칠화절명 팔중귀혼
남생기 여복덕 여생기 남복덕
자손으론 창성일로 우마육축에 번성일로
일천징에 먹을 갈고 삼천 글씨 휘날려서
생기복덕 가려다가 성주안당에 붙어 놓구
시는 잡아 걸어 놓고 날은 잡아 붙여놓아
높은 문전 송침하고 얕은 문전 황토 깔구
대문은 걸어 매구 금사향을 피어놓고
부정한 인간 들어올세라 정한 인간 나갈세라
칠일재길 금일 가며 삼일 입석 당일 정성
사해용왕 물을 돌려 상탕에다 머리 감고
중탕에다 목욕하고 하탕에 수족 닦고
백모래에 이를 닦구 옥수로 양치하고 은하수 받아 세수하고
밤의 여덟은 몸 정성이요 낮에 여덟은 입 정성
기나긴 밤을 서서 새워 일심정성 대령이요
모시려오 모시려오 본산신령님 모시려오
평안도로는 묘향산신령님 함경도는 백두산신령님

세경돌기

통일전망대 당산맞이 청배
  황해도와 가까운 파주시 오두산 통일전망대의 당산맞이 (2006년 추석)

황해도는 구월산신령님 신장군님 하휠받구
해주 수용산 율목장군도 하휠받구
강녕 까치산두 명산이요
까치산마누라 해주 수용산 내림받구
강녕가치산 줄을 받고 삼도당 부군할머니 하휠받아
인천본향에 문학산 신령님 안관할아버지 안관할머니
배꼽산신령님 용현동으로는 수봉산신령님
송림동으로는 수도국산 물애기씨 부채산신령님
부평으로는 철마산신령님 강화도로는 마니산신령님
김포통진 문수산신령님 미륵 도당 하휠받아
과천으로는 관악산신령님 서울 삼각산신령님
도봉산신령님 북한산신령님 인왕산도 명산이요
충청도룬 계룡산신령님 전라도룬 지리산신령님
목포하구 유달산신령님 경산도룬 태백산신령님
강원도룬 금강산신령님 제주에는 한라산신령님
소태양 소부군님 육태양 육부군님
높이 올라 상산이요 얕이 올라 시살부군이요
상도당님 하휠받구 팔도명산 도신령님 받으신 후에
장군님도 하휠받아
명산장군 사산장군
열세영산 본당장군님 팔도명산 도장군님 하휠받아
서낭님도 하휠받아 명산 서낭 본산서낭
상산서낭 도당서낭 길 아래서낭 길 위에서낭
동경서낭 남경서낭 서경서낭 북경서낭 남서낭 여서낭 삼서낭님 하휠받아
일대동 만대동에
가가호호 남녀자손 아들딸에
성 다른 가정 본다른 가정
하나같이 살펴줘요
산천 비밀 넘겨줘요 본산바람 재워줘요

당산맞이 만세받이 | 오두산 통일전망대(2006년)
　대동굿에서는 당산맞이라고 하고, 황해도지역 여타굿(진작, 운맞이 등)에서는 산맞이 또는 산천거리라고 하며 산신뿐 아니라 부군님, 먼산장군님, 서낭님 등을 차례로 청신하여 놀아 드린다.

〈산천문 쇠열이타령〉

쇠를 열러가요 쇠 열러가요
일대동에 만대동에 복명쇠 명산쇠 열어줘요
상산쇠 부군쇠 열어줘요
각성각문 호구마다 명쇠 복쇠 열어줘요
천세만세 열으세요

쇠열이타령

바라뒤집기

제금(바라), 방울과 부채를 들고 흔들며 쇠열이 타령을 부른다. 쇠열이는 하늘과 땅을 엶과 동시에 마을 사람간의 소통과 굿을 하는 과정에서 공수까지 잘 내리도록 기원하는 의식이다. 쇠열이타령이 끝나면 사방위를 돌며 제금을 뒤집어 젖혀지게 함으로써 신문이 잘 열렸는지 확인한다.

향올리기
 산신상 앞에서 한바퀴 돌며 경건하게 향로를 올리며 산신에게 흠향시키는 의식, 이어 산신께 절을 드린다.

<춤>

<대공수(높은 공수)>

에 허야 만구영천에 신에 창부야 산천신령님이 아니시랴 부군님 아니시랴 서낭님이 아니시랴, 일대동 만대동 각성각문 남녀노소 아들딸 편하자고 정성이냐 명 달라 복 달라는 정성이냐

장구잽이 : 네 옳습니다. 명복 많이 주시고 동네 편안하게 해주세요.
일월이 영천 잘 받으시고 일 년이 무사하고 일대동 만대동에 부귀영화 누리게 해주세요

높은공수 내리기
신을 모셔들이고 쇠를 연후에 대동의 제관 등 추진위원들에게 내리는 공수덕담이다.

네오냐
본산신령님 상산본향님 아니시랴
해주수용산 내림받구 강령까치산 줄받을 때,
네 오냐 소태양 소부군님 육태양 육부군님 아니시랴.
팔도명산에 신령님 상도당에 하회받을 때,
먼산장군님 사산장군님 열세영산 본당장군님들 하회동반 일기좌참 잘 놀구,
일대동에 만대동에 가가호호에 각성각문들 남녀자손 아들딸들 하나같이 편안하게 도와준다고 여쭤워라
엇수!

부군당산할아버지 모시기

부군할머님 모시기
산신에 이어 부군할아버지, 할머니를 차례로 청신하여 놀아드린다.

설설이공수(흘림공수)
 높은 공수는 굿의 시작마다 신이 분부하는 큰 뜻의 말씀을 일컬으며 설설이 공수는 무당이 춤을 추다 순간순간 신의 말씀을 받아서 분부를 사뢰는 흘림공수로써 서슬이 퍼렇게 순

간마다 신이 내려준다고 하여 설설이, 또는 서슬이 공수라고도 한다.
(2012년 화도진 내사마당 발표회)

허리꺾기 놀음
먼산장군님의 위용을 내보인다.

서낭님모시기
서낭님을 위한 거리로 청신해 모신 후 춤과 노래로 놀아 드린다.

먼산장군님 모시기와 놀아 드리기
 전립에 장군검을 들고 먼산장군을 모셔 놀아 드린다. 마을에 따라 갑옷으로 만든 장군복을 잠시 갈아 입고 놀기도 한다.

<춤>

<날만세받이>

아황임금만세 / 오늘날에 / 산천문에 / 들어서서 / 산천신령 / 잘 받으시고 / 일대동에 / 만대동에 / 물 맑히고 / 각성각문에 / 남녀노소에 / 만복을 주고 / 공수천 맑혀 / 잘 받았습네다

당산시루사슬
 상산맞이 굿이 끝날 때 용궁항아리와 대동시루를 됫병위에 받쳐 사슬을 세운다. (일명 산시루 병시루 세우기라고도 한다.) 2006년 전수회관

산시루 세우기
　뒷병위에 용궁항아리와 하얀 산신루를 겹으로 올려 사슬을 세움으로써 산천명기 맑은 명기가 대동에 임재하시길 빈다.

(3) 세경돌기(돌돌이)

< 사방위에 절을 하며 신을 청해 들인다 >

<만수받이>

놀러가요 놀러를 가요 만대동에 일대동에
가가호수 전갈가요 열두나횡수 막으러 가요
해원단년 00년에 들어선 골은 해주본영
거주동명 00동에 달에월색은 00달에
날에천문 00날에 일대동에 만대동에 일심정성 대령이요
각성각문에 명주시고 복달라는 발원이요
일대동 세경가실제 이고랑산 높이 올라
상산신령님 시위서요 장군님들 시위서요
부군할아버지 부군할머니 서낭님이 앞장서요
본향문 열고 산천문 열고 신의 기자들은 후봉서서
골로 내려 대문을 열고 각성각문에 등잔 들어
무릎에다 황금 띄워 걷는 걸음에 활개 돋혀
서낭에다 길을 열어 내제자들 시위 서서
일대동에 세경 돌아 각성각문에 가가호소
도대감 왕래대감 왕래놓아 전갈 나가
술력 돌아 세경 돌아 호구서껀 인구서껀
고을땅서껀 전갈놀 때 수사나운 가정 액사나운 가정
일년 열두달 모진 홍술 막으러 가세 얼쑤

<춤>

무당 : 여보시오
장고 : 네
무당 : 일대동 만대동 이고랑산 세경 돌아 수사나운 가정 액사나운 가정 모진 홍수를 막아 줘야겠지
장고 : 아믄 그렇지요
무당 : 자, 일대동 만대동에 세경을 도세 얼싸

화도진공원 발표공연 중 세경돌기 나가는 장면
대동굿을 알리는 홍보성도 있지만 대동의 유지나 좀 넉넉히 사는 집들은 세경돌이패가 오는 때를 맞춰 상에 꽃반(모말 또는 주발·뒷박 등에 백미와 약간의 돈을 올려 놓는다) 상을 차리고 축원을 받는다.

<춤>

장단에 맞춰 춤을 추며 세경돌기를 시작한다. 기관·마을 유지·가가호호를 돌되 상위에 꽃반을 차려놓은 집 앞에서 주인과 대면하고 성씨 나이 등을 물어 점을 친다. 이때 상위에는 형편에 따라 모말쌀(백미) 되쌀 또는 봉지쌀에 가양주(청주 또는 소주)와 삼색과일 간단한 안주 접시 등을 올려놓기도 하며 쌀 위에는 실타래를 올려 놓기도 하며 엽전 지폐 등을 얹어 놓기도 한다. 점을 치고 길흉화복 등, 신이 내리는 공수덕담(신탁의 말씀)을 한다.

<잦은만수받이>

아황임금만수 / 오늘날에 / 일대동에 / 만대동에 / 세경을 돌아 / 이 터전에 / 이 마당에 / 나랏만신 / 들어서서 / 높은 곳에 / 신령님에 / 장군님에 / 부군할아버지 / 부군할머니 / 서낭님들 / 오셨다가 / 머물러가고 / 댕겨갈 때 / 인구마다 / 호구마다 / 낙절없이 / 도와주시고 / 오시는 길에 / 명을 주고 / 가시는 길에 / 복을 주고 / 노시는 자리 / 명장구나 / 놨던 자리 / 나라만신 / 섰던 자리 / 은금보화 / 솟아나고 / 열두횡액 / 모진액은 / 다 막아주고 / 수사나운수전 / 액사나운수전 / 가려 보세

<높은 공수>

오호냐 일대동 만대동 세경 돌아 각성각문에 가가호소
전갈 오셨다 애진 공수 주지 말고 잘 받으시고 모진 홍수 막아 줍시다

<기뽑기>

춤을 추며 오방기를 뽑게 한다. 백색기나 홍색기가 나올 때까지 기를 뽑게 하고 만약 홍기 백기가 뽑히면 공수를 내린다.

<덕담>

오허야, 깃발을 뽑아 보니 장군님이 도와주셔서 홍사 깃발이 내리셨네 열두나 횡수 고사반 덕담으로 넘깁세

세경상(꽃반상)
백미와 실타래를 올려 놓는다. (엽전 또는 돈을 올리기도 한다)

<도액풀이>

아따 여봐라 어릿광대가 나오신다.
일대동에 만대동에 이고랑산 술력 돌아 가가호소 전갈 나와 수사나운 수전 막아주세
액사나운 수전을 막아주세 열두횡액을 젲혀주세

정월에 드는 홍수는 이월 한식에 막아내구
이월에 드는 홍수는 삼월삼짇날 막아내구
삼월에 드는 홍수는 사월하구 초파일에 연등으로 막아내세
사월에 드는 홍수는 오월하구 단오날 성춘향의 그네뛰기루 막아내고
오월에 드는 홍수는 유월하구 유둣날에 앵기닥에 대수대명 모진 홍수를 막아주세
유월달에 드는 홍수는 칠석날에 까막까치 다리 놓아 견우직녀 만날 적에 막아주세
칠월에 드는 홍수는 팔월이라 한가윗날 송편으로 막아내세
팔월에 드는 홍수는 구월이라 중구날에 산신노금에 공덕 바쳐 지신에 시래기죽으로 벳(벗)겨내세
구월에 드는 홍수는 시월달에 상곡(식) 걷잡아서 무시루떡으로 막아내세
시월에 드는 홍수는 동짓달이라 동짓날에 애동지 중동지 다 제쳐 놓고 노동지 팥죽으로 막아내세
동짓달에 드는 홍수는 섣달하구 그믐날에 흰가래떡으로 막아내세
섣달에 드는 홍수는 정월하구 대보름날 달맞이 오곡잡밥으로 풀어내세
일년 열두달 드는 홍수 일대동 만대동 세경 돌아 이 터전으로 고사반으로 막아내세

<흘림공수>

이번 정성에 다 막아내구 산에 가면 산신 덕에 물에 가면 용신 덕에
길로 나면 길산 덕에 고개고개 서낭 덕에

들어오기 전 정성 들이기

입문 마을 제관과 문답을 하고 문턱을 넘어들어온다

일대동에 만대동에 신사발원에 만덕해 보구 자손만대 부귀영화 이루어 주세
입은 덕은 많지만은 새로 새 덕 입혀주세

<춤>

<덕담>
에 오냐 일대동 만대동 이고랑산 순력 돌아 가가호구 인구자깐 호구자깐하구
모진 홍수 다 막아주구 시주공덕 하여다가 높은 곳궁에 허공 궁에 바치시고
얕은 곳에 대접이니 차례대로 내받아놔요 어 헐쑤

<춤>

<맺음 공수>

오호냐 일대동 만대동의 정성발원 각성각문 명 달라 대령일 때
모진 홍수 막아주고 세경을 돌아 왔습니다.
각성각문 수사난 인구마다 일대동 정성발원에 다 막아주고 신사덕 입으시고
영천도문 받으시고 일년이 무사하답니다.
섬에 곡석 걸려다가 어백미 맞이곡식 돋워 바쳤으니 깃잡아 찾아 받아나셔요

(4) 대동문굿

  솔가지로 장식한 대동문으로 치레를 한 말이나 나귀를 타고 문앞에서 제관과 막둥이와 함께 문답을 하며 부정을 풀고 대동문을 열고 들어와 굿의 시작을 알린다.
  그러나 현재 이 대동문 여는 굿은 형식만 남아 있을 뿐 말을 타는 치레 의식, 제관과 문답하는 의식이 생략되거나 간단히 '문을 연다"는 말을 하는 것으로 문을 통과해 들어오며 대동문 열기를 끝낸다.

문답은 실랑이를 하며 대동에 오는 내력을 읊지만 현재는 간단히 대동문을 타고 넘어 들어온다.

(5) 초부정굿

< 사방위를 돌며 신을 청해 들인다 >

<초부정 만수받이>

천하궁으론 삼이삼천 지하궁으론 이십팔소
사바세계 남선부주 해동하구는 조선국에
황해도론 이십삼관 경기도룬 사십여전
지정으론 나랏님 지정 궐래전으론 부군님궐래
우리나라는 대한국이요 저 나라로는 소한국이요
해원단년 00년이요 달에 월색은 00달인데
날에 천문 00날이요 거주동명은 00동이요
일대동 만대동에 대접이요
초영정 초부정을 보시려구
좋은날 좋은시 날을 잡아
생기복덕 가려내고 만부정을 가셔내어
천하부정은 지하부정 옥황부정은 신선부정
우리나라로는 이씨부정 저 나라로는 천자부정
강남 출신 호겨부정 하늘땅으로 설법부정
인간 생겨 복립부정 만리타국 사신부정
의주월강 왕래부정 영산사산 본향부정
팔도명산 명산부정 누린 부정은 비린부정
인간 부정은 피부정에 상문부정은 가셔내고
낮은 땅은 높은 곳에 얕은 곳에는 시온부정
안당으로는 모열부정 대청마루로 성주부정
담마루에는 사초부정 곳섬마루는 넘나들던 부정
용마루는 사처부정 팔만주왕에 하득부정
시렁 아래는 걸친 부정 장독깐으론 구실부정
굴뚝으로는 구사부정 마당전으론 벼락부정
문간으론 수문부정 변소깐으론 칙사부정
일기등신에 각기신명 오방지신에 터주살량

초부정 초감응상
　제당의 중앙에 차려진 대상으로 놋동이 가득 백미 한말을 담고 화경을 꽂아 장식한다.

초부정굿과 초감흥굿 합설 유래

60~70년까지는 초부정을 따로 했으나 근래에는 한사람의 무당이 두거리를 합설해서 한다. 명칭도 자연히 초부정초감흥거리라고 부르고 만세받이를 섞어 청배무가를 부르고 차례로 신을 청해 들인다. 이를테면 일기등신 각기신명을 모셔 앉히는(좌정) 의례로써 순서는 칼로 흔들어 놀리고 대신발을 돌리고 연풍을 돌고 높은 공수를 내린 후 초장군놀음. 신장님놀음. 대신님놀음, 대감님놀음, 조상님대우의 순서로 진행하며 만신의 무복·관모·북·장고같은 무구 등을 모두 풀어내어 놀아드린다.

떡을 빚던 선녀부정 술을 빚던 주부정
천닷섬에 떡을 빚고 일백말에 술을 빚어
열두병주 눌러받고 아홉병주 솟아 받아
감흥병주는 들병주요 감흥시루는 도시루요
만부정을 가려 낼 때 만조상으론 영실부정
신조상으론 사졸부정 자외당으론 성수야부정
열두부정 가셔내요

각기신명 오방지신 터주살량에 만등신에 초부정을 만부정을 가셔내어 아―에―

* 현재는 초부정굿과 초감흥굿을 한데 묶어 청배 만수받이를 하고 그 뒤에는 초부정 초감흥신의 청배(모셔들이기)와 오신(춤과 노래로 놀아드리기)·신탁(춤과 노래로 놀아드리기)의 의식을 계속 이어 한다.

청배무가 (청신의례)
만세받이조의 청배무가를 읊어나가면 장고잡이와 제자들이 각 소절의 후렴구를 따라 부른다.

(6) 초감흥굿

<초감흥만수받이>

모여랴오 모여랴오 만감흥님들 모여랴오
초감흥은 만감흥님 감흥마누라 놀러오셔
천하궁으론 삼이삼천 지하궁으론 이십팔소
사바세계는 남선부주 해동하구는 조선국이요
황해도루는 이십삼관 경기도로는 사십여전
지정으론 나랏님지정 궐내전으로는 부군님 궐내
해원단년 00년이요 달에월삭은 00달이요
날에 공수 00날에 일대동 만대동에
각성각문 남녀자손에 아들딸에
명두주구 독두 달라 일심정성 대령이요
만감흥님 모시려구 월천강에 날을골라
주역팔괘에다 시를 잡고 일중상기는 이중천이요
삼화절체 사중유혼 오상화에 육정복덕
칠화절명 가려낼 때 남생기는 여복덕이요
여생기는 남복덕이요 일천장애다 벼룻돌에
삼천글씨 휘날려서 생기복덕 닿는 날에
날을 잡아서 붙여 놓고 시는 잡아서 걸어놀 때
성주 안당에 모셔 놓아 높은 문전에 송침하구
얕은 문전 향토 깔구 중문에 문을 걸어 매구
금사 향내 피워가며 부정한 인간이 들어올세라
정한 인간이 나갈세라 칠일재기 금이 가며
오일닷새에 삼일입소로 일도정성 대령이야
만감흥님 모시려구 열닷잎 지화 속에
내려깔아 화문석에 치깔아 용문석에
돋아오시는 일만국에 져가시는 화산국에
사두육성 태백성이요 오른반두 열두반이요
내림반두 열두반이요 수물네반 배설할 때

신을 모셔들이는 청배무가 만수받이를 한다.

시흔시물 설법이라 서른시골에 복립이라
안당 밖당 내우당에 고비당을 질러 매구
영실당글을 둘러 매구 마진당을 건너 매구
인물태양을 모셔 놓구 대명두를 솟아 걸고
놓구 치니 명장구요 달구치니 태징소리
감흥당을 숙여 매구 칠성당을 돋우 매구
굽높으니 식상돋음 바라보니 향로 향탑
홍마지 그늘 속에 청마지 너울 속에
백마지는 수팔년 속에 만감흥님 오시는 길에
매화 철쭉이 만발한데 적토마가 제격이라
감흥 옷은 무슨 옷이 제격이냐
혼술 없는 곤룡포에 깃이 없는 활옷이요
삼동다리는 소매전이요 들구 보니 빗갓이요
쓰구 보니 호수갓이라 만감흥님을 모십니다
천하감흥 지하감흥 옥황감흥 신선감흥
우리나라로는 이씨감흥 저나라로는 천자감흥
강남 출신 호겨감흥 하늘땅 설법감흥
인간 생겨 복립감흥 만리타국 사신감흥
의주월강 왕래감흥 영산사산 본산감흥
상산감흥에 도당감흥 시살감흥에 부군님감흥
안당에 모열감흥 높은 공에 칠성감흥
얕은 공에 지은 감흥 담 아래는 서린 감흥
용마루에 사처나감흥 대청마루에 성주야 감흥
팔만주왕에 화덕감흥 마당으로는 벼락감흥
문간사신 수문장감흥 굴뚝으로는 구세감흥
장독간으론 칙사감흥 일기등신 각기신명
오방지신에 터주살량 만등신에 감흥신들
만조상으론 영실감흥
떡을 빚던 선녀감흥 술을 빚던 주감흥
천닷섬에 떡을 빚고 일백말에 술을 빚어
아홉병주 눌러 받고 열두병주 솟아 받아

청신의례인 만세받이가 끝나면 곧바로 아홉상쇠방울과 제금을 거머쥐고 쇠열기 의식으로 들어간다.

감흥병주는 도병주요 감흥시루는 도시루라
수비감흥에 하휠받구 대감님감흥 하휠받아
만둥신이 노실적에 차례대로 연수 대로
감흥당으루 놀러올 때 서경세계가 늦어가요

<**초감흥 쇠열이타령**>

쇠 열러가요 쇠를 열러가요 / 감흥당에 쇠 열러가요
천쇠만쇠는 만만쇠라 / 에헤헤 쇠 열러가요
하늘 땅으로 설법쇠 인간이 생겨 봉립쇠 / 에헤헤 쇠 열러가요
우리나라는 대한국에 저 나라로는 소 한국에 / 에헤헤 쇠 열러가요
각국 나라로 쇠를 열러가요 / 에헤헤 쇠 열러가요
초영정에는 초감흥에 만감흥쇠에 영부정쇠라 / 에헤헤 쇠 열러가요
장군님 앞으로 쇠 열러가요 / 에헤헤 쇠 열러가요
만조상에 영설쇠로 열어라 / 에헤헤 쇠 열러가요
신조상에는 사줄쇠를 열어라 / 에헤헤 쇠 열러가요
일대동에 만대동에 각성각문에 남녀노소 / 에헤헤 쇠 열러가요
명쇠를 열어라 복쇠를 열어라 / 에헤헤 쇠 열러가요
천쇠를 열어요 만쇠를 열어요 / 에헤헤 쇠 열러가요

<**춤**>

쇠를 열고 난 후에 연풍춤을 추고 제관앞에 서서 공수를 내린다

바라쇠열기
쇠열이 타령중 제금 4개를 뒤집는 장면

<높은 공수>

에헤오냐, 초영정 초감흥님 만감흥에 영부정
신령님들 일기등신 각기신명 오방지신 터주살량
인신내 등신네들 이번 정성에 일대동 만대동에
가가호소 각성각문 남녀노소 아들딸들
편안하게 도와달라고 일월이 영천 대접이구
상소염중소염 하소염에 일도정성으로 대접이니
아름답게 받고 뜻답게 받고 에헤 만감흥들
열두거리 스물 네거리 감흥당에 차례차례 연차례로 안정하고 좌정했다가
스물 네거리 잘 받고 도와주고 받들어주고
동네전 물 맑혀 주리라

<춤>
춤을 추고나서 제관, 마을사람들 앞에서서 흘림공수를 내린다.

<흘림 공수(설설이 공수)>

에헤오냐, 만구신청에 신에 창부야
초영정 초감흥에 만감흥 신령들 아니시랴
일기는 등신에 각기는 신명에 인신에 등신에 오방지신에 안정하고 좌정하고
에호냐 감흥당에 물 맑혀주고
아흔아홉 감흥이 잘 놀고 난다고 여쭙소 얼쑤

<춤>

이때부터 모셔 들이는 신령의 순서대로 옷(무복) 무구 등을 갖춰 들고 입어가면서 노래와 춤을 곁들이며 놀려 드리는 굿을 계속한다

높은 공수
쇠를 열고 감흥상에 인사를 하고 연풍을 돌고 첫 분부를 내리는 것을 높은 공수라 한다.

<날만수받이>

아황임금만수(에라만수) / 오늘날에 / 초영정에/ 초감흥에 / 만감흥에 / 도감흥님 / 놀고 날 때 / 열두거리 / 스물 네거리 / 감흥당에 / 좌정을 했다가 / 제거리 찾아서 / 잘 받으시고 / 산청문을 / 물 맑혀줘요 일대동에 / 만대동에 / 홍수천 맑혀 / 나랏만신 / 섰던 자리는 / 은금보화가 / 솟은 듯이 / 청학백학 / 노는 듯이 / 물 맑혀줘요 / 신청문 맑혀줘요 에에~

성수 · 님 놀음
북이나 장구 등 굿악기를 들고 각 성수님들이 경문 읊는 장면을 연희한다.

신장(상통천문할아버지) 놀음

신장님놀음
오방신장님을 모셔서 놀아 드린다.

장군님놀음
초장군놀음이라 하여 뒤에 할 장군거리 앞에 장군신을 잠시 청해들여 노는 대목

(7) 영정물림

<사방을 한바퀴 돌며 신을 모셔 들인다>

<잦은만수받이>

아왕임금만세 / 오늘날에 / 해원단년 / 00년에 / 달에 월삭 / 00달에 / 날에 공수 / 00날에 / 영정마누라 / 모시려고 / 일대동에 / 만대동에 / 각성각문 / 남녀자손 / 아들딸에 / 상소염에 / 중소염에 / 하소염에 / 성 다른 가중에 / 본 다른 가중에 / 일심정성 / 대령일 때 / 영정마누라 / 내받아낼 때 / 천하에도 영정 / 지하에두 영정 / 옥황에두 영정 / 신선에두 영정 / 우리나라 / 이씨 영정 / 저 나라루 / 천자 영정/ 강남 출신 / 호겨 영정 / 하늘땅에 / 설법 영정 / 인간 생겨 / 복립 영정 / 만리타국에 / 사신 영정 / 의주월강 / 왕래 영정 / 영산사산 / 본향영정 / 도당에두 영정 / 수살에도 영정 / 목신에두 영정 / 서낭에두 영정 / 안당에두 모열영정 / 대청마루 / 성주나영정 / 골골마루 / 넘나들던 영정 / 추녀 끝에 / 붙어들던 영정/ 담 아래론 / 서린 영정 / 용마루는 / 사처나 영정 / 팔만주왕 / 화덕영정 / 시렁 아래 / 걸친 영정 / 장독간으로 / 구실영정 / 굴뚝으로는 / 구사영정 / 마당전으로 / 벼락영정 / 엿보던 영정 / 숨어보던 영정 / 병마 주던 영정 / 옆다지반다지 / 넘나들던 영정 / 익은 음식 / 침노하던 영정 / 불공고기 / 화기 걸던 영정 / 청색무색에 눈 흘겨 보던 영정 / 이질곱질주던 영정 / 배앓이 경기 주던 영정 / 눈앓이 주던 영정 / 피놀음잔 놀음 주던 영정 / 영정마누라 / 내받아내요 / 만조상에 / 사줄영정 / 신조상에 / 영실영정 / 자외당으로 / 성수야영정 / 수비나영정 / 영정마누라 / 내받아낼 때 / 일대동에 / 만대동에 / 각귀나잡신 / 몰아낼 때 / 남녀자손 / 우환질병 / 걷어낼 때 / 우환에도 질병 / 자진에도 영고 / 삼재나팔난 / 화재나도 급란 / 도둑에 도신불 / 입술에도 귀설 / 가문에 귀설 / 열두나도액 / 다제쳐 낼 때 / 동티나 동법 / 질러내어 / 허줄 달아 / 토신동티 / 돌을 달아 / 석신 동티 / 나무를 달아 / 목신 동티 / 물을 달아 / 용신동티 / 인간이 들어선 / 인에 동티 / 상문이 들어선 / 상문동티 / 무색이 들어서 / 청의 동티 / 동티나동법 / 질러나 내구 / 상문지기를 / 풀어나 내어 / 조상에 내상문을 / 해묵은 상문 / 철묵은 상문 / 달묵은 상문 / 날묵은 상문 / 동의 전에 / 조상문에 / 머리 풀어 / 발상상문 / 눈들은 상문 / 귀들은 상문 / 손으로다 / 본향에 상문 / 오다가다 / 마주친 상문 / 애동

영정바가기
　바가지는 배를 상징하며 흰서리화대는 돛을, 과일, 과자, 밥, 떡 등은 제물을 뜻한다. 굿에 참여한 대동들의 머리칼을 베기도 하고 침도 뱉아 바가지 배에 실어 떠나 보내는 액운소멸과 병마 축출 등 예방 주술적 의식이다. (사진 / 조영숙 만신)

상문에 / 중상문에 / 노상문이요 / 삼상문을 / 풀어나낼 때 / 영정마누라 / 가셔나내고 / 열두나무에 / 다져찾을 때 / 일대동에 / 물 맑혀줘요 / 만대동에다 / 물 맑혀줄 때 / 영정마누라 / 내받아낼 때 / 열두나도액 / 돗대 없는 / 두엉배로다 / 동해나 바다 / 열두야 바다 / 서해나 바다 / 열두야 바다 / 이십사강 / 만경창파 / 배를 띄워 / 나갈 적에 / 바리이요 / 들어나올 적에 / 명바리로 / 실어다가 / 일대동 만대동에 / 물 맑혀줘요

<바가지공수>

영정마누라 내받아낼 때 일대동 만대동에 가가호소에 남녀자손들 아들딸에 하나같이 우환질병없이 살려줘요 아- 에-

<연풍춤을 추고 뒷걸음질로 둘러내어 바깥으로 나간다.>

<맺음공수>

상수나 중수나 달문에 별문에 비쳐가요 일광단에 월광단에 달문에 돗저가요

영정바가지
제액을 담아 배에 띄워 보내는 영정물리기는 굿을 끝내면서 마을 입구로 내놓는다.
(사진: 김민애만신)

(8) 복잔내림 / 소지올림

명잔이요 복잔이가요 각성각문에 알리자는 내림잔이요
해원단년 00년에 달에 월색 00달에 날에 천문 00날에 마을 내로는 해주시인데 거주동명 00동에 일대동 만대동 각성각문에 명사리로 대령입니다.

<기관장, 유지들 차례로 복잔 공수>

조공으로 대접입니다
상소염에 정성이요 중소염에 지성이요 하소염에 든잔이요 일대동에 대주님들에 근력정성
지주님들에 일심정성 나랏만신에 축원 발원이요 이 정성 연차례로 축원일 때 각성각문에 잔내림이요
이 잔은 높은 곳에 잔입니다 은잔이 가요 금잔이 가요 놋잔이 가요
각성각문에 대주님들에 잔입니다.
이 잔은 상소염 중소염 하소염이 공덕드린 정성 복잔 내림잔입니다

복잔내림(제관)
오두산 통일전망대 제관에게 복잔을 내려 드시게 한다.

<배선주 복잔 공수>

잔이가요 이 잔은 각성각문 도선주님에 복잔입니다 내림잔입니다
잔이 가요 배옥선관에 유덕선 유자망 일중선 나무목선 철선에 복을 주고 재수를 달라는 만뱃동에 도장원 하자는 내림잔입니다
재수 부귀잔으로 알아 보자는 잔입니다
<뱃동사(어부) 복잔 공수>

잔이 가요 명이 가요 이 잔은 사공님 기관장님 화장에 뱃동사들 각성각문에 만선하자는 재수내림잔입니다

<대동과 제자들 복잔 공수>

복잔이 가요 명잔이 가요
이잔은 남녀노소 아들딸에 부귀영화 재수 복잔입니다
내림잔으로 금로주가 가요 잔이 가요
만성수님의 불릴 잔이요 제자님들 외길잔이요 원망 없이 도와달라는 내림잔으로 가고 알아 보자는 잔입니다

배선주(배임자) 복잔내림

<소지올림>

명잔 복잔을 내리기 전에 소지를 올리기도 하고 명잔 내림 후에 소지를 올리기도 한다

소지 올리는 장면
  대동굿에 참여한 제관, 추진위원장, 소염과 모든 가내식구들까지 소지를 올려 일년동안 무사 무탈하기를 빌어주는 의식 (사진: 김민애만신)

(9) 칠성제석거리

<청신의식>

사방위를 돌며 신을 청해 들인다.

복색 갖추고 청배하는 모습
　머리에는 고깔, 백장삼위에 홍가사(右)와 청가사(左)를, 목에는 백팔염주를 걸고 백학대(십장생 관대)를 두르고 오른손에 갱징, 바라, 왼손에 칠성부채를 든다. 일월맞이 복색과 비슷해서 염주 가사가 있고 없고에 따라 일월맞이, 칠성제석복색 구별이 가능하다.

<만수받이>

맞이를 가요 맞이를 가요 칠성제석님 맞이를 가요
칠성제석님 맞이를 갈 때
천지곤건 일월동남 사바세계는 남선부주
해동조선은 이십삼관 경기도로는 사십여전
지정으로는 나랏님지정 궐래전으론 부군님 궐래
해원단년은 00년이요 달에 월삭 00달인데
날에나공수 00날이요 하늘이 아시는 대영천이요
인간이 아시는 신사발원 땅이 아시는 설법인데
꽃이 피어 꽃놀이요 잎이 돋아 잎놀이요
화전놀이 대령일 때 일대동에 만대동에
가가호호에 남녀자손 성다른 가중 본다른 가중
하나같이 살펴달라 일심정성으로 대접일 때
제부칠성님 모시고여 월천강에다 날을 골라
주역팔괘 시를잡아 일중상기는 이중천이요
삼화절체 사중유혼 오상화에다 제켜노니
육정복덕은 가려내어 남생기로는 여복덕이요
여생기로는 남복덕에 일천장에다 먹을 갈구
삼천글씨 휘날릴 때 생기복덕을 가려내어
좋은날 좋은시 날을잡아다가 붙여놓구
시를 잡아 걸어놀 때 성주 안땅에 모셔 놓구
부정한 인간 들어올세라 정한인간 나갈세라
칠일 이래 오일닷세 삼일 입소로 대령일 때
사해용왕에 물을 돌려 상탕에다 머리를 감고
중탕에다 목욕하구 하탕에다 수족 딲구
백모래로 이를 닦구 옥경수 물에다 양치하구
폭포수 흐르는 물에 목욕을 하고
은하수바다에 세수하구
밤에 여덟은 몸 정성이요 낮에 여덟은 입 정성이요
기나긴 밤을 서서 세워 일심정성 대령이요

청배무가 만세받이
사방을 돌며 마음으로 신을 청한후 신을 모셔들이는 만세받이를 시작한다.

칠성제석님 모실 적에 칠성당은 불당이 되고
칠성님은 나비될 때 높은 공으로는 칠성님들
얕은 공으로는 제석님들 석가여래로는 시주님에
삼나불은 시온님들 안문가중에 조상칠성
산천칠성은 바위칠성 석함으로는 미륵칠성
사해로는 용궁칠성 공중으로는 일곱칠성
달이돋아 월광칠성 해가돋아 일광칠성
석자 세치는 고깔칠성 일곱자 일곱치는 후대칠성
동두칠성은 남두칠성 서두칠성은 북두칠성
소함으로는 대함제석 대함으로는 소함제석
바가지로는 넝쿨지석 백옥남산에 국수지석
약사할머니에 부귀칠성 천문시원에 하휠받고
하단천문 하휠받아 내어머니에 성수야칠성
사부야칠성 하휠받아 신에 애기에 성수칠성
삼불부처님 하휠받아 아홉칠성 하휠받구
일곱칠성님 하휠받아 달 밑으로는 기말씨들
해밑으룬 이승기씨 별 밑으로는 호성씨
일월칠성님 하휠받으실 때 서산대사님 하휠받고
금불부처님 하휠받아 소애기씨들이 노실 적에
칠성본이 어디시냐 서역국이 본이로다
동해 바다로 열두야 바다 서해 바다로 열두야 바다
이십사강 건너실 때 무슨 배를 타고 갔나
나무 다리 지어 노니 나무다리라 부러지구
종이로 지어 타니 종이라구 떠내려 가구
돌배를 무어타니 돌이라구 가라앉아
모래선을 지어타니 모래라구 풀어지고
흙으로 배를 지으니 흙이라고 풀어지니
능수버들 흐르리 잡아 한잎으로다 배를 삼고
한잎으로다 돛을 삼고 애무지개로 닻끝을 삼아
쌍무지개 솟아올 때 일만에 이천봉이로다
삼천봉은 유람돌아 칠성봉으로 올라설 때

쇠열이 타령

바라 뒤집기

쇠열이 의식
　청배무가 만세받이가 끝나면 칠성쇠를 열기위해 쇠열이 타령을 부르기 시작한다.

높은 봉에 절당짓고 얕은산에다 법당 지을 때
절당 속에선 목탁소리 법당속에선 염불공부
아침 시주를 돌아다가 낮에시주 바치시고
낮에 시주 돌아다가 저녁 불공을 올리실 제
칠성님은 나비가 되고 신에 제자는 중상이 될 때
세모시 꼬깔을 숙여 쓰고 팔대장삼을 떨쳐입고
바른 어깨는 홍가사요 왼 어깨는 청가사요
백팔 염주를 목에 걸고 백학띠를 둘러 띠고
자주바랑 짊어지고 육환 장을 내려 짚고
바라갱정 높이 들고 서발염주를 손에 걸고
칠성당으로 감돌아들 때 서말서대는 업양미인데
높은 나무는 황술래요 얕은나무는 청술랜데
왕밤대추 시실과에 오색과일 삼채소를 받으실 때
깊은 산중에 고비 고사리 야산중에는 도라지
인간이 길른 숙주에다 얕은 물에 성죽나물
깊은 물에 미역나물 옥수천수로 받으시오
뿌리 없으니 서리화요 가지 없으니 전발이요
엎어 말아 함박꽃이요 잦혀 말아 삿갓꽃이요
칠성꽃은 명꽃이요 좌우 촛불 연등석에
세발심지는 당기름에 삼불제석님 차지로다
기름떡 절편이며 안팍없는 반대기를 받으소사
검으나 동시루에 희나 백설기 노인칠성님 차지로다
금이나 공양옥반은 삼신칠성님에 차지로다
높은 나무 왕실과에 얕은 나무 왕밤대추 시실과는
애기지석님에 차지로다
해달에 반대기는 얼굴 생기시듯 시준님에 차지로다
무두부 차두부는 살성 생기시듯 시준님에 차지로다
해달 기름떡은 시준님에 차지 사해용왕은 용궁칠성님 차지
세발심지는 눈동자 생기시듯 시준님 차지
제부제석님 받으신 후에 소애기씨들 소성수에 노실 적에
팔선녀 칠 선녀 구름 타시듯 선관님들 바람 타시듯

경쇠부정
제단을 향해 무릎을 꿇고 경쇠(요령)을 흔들며 부정치기를 한다.

성진씨들 용태부인 물애기씨 용궁마마
용궁애기 심마도령 심마애기 일월동자
성수애기 성수별상 양재별상 호구별상
남별상은 여별상에 새별상을 노실 적에
일대동 만대동에 남녀자손 아들딸에
병도 주고 복도 주고 없는 자손 점지하고
있는 자손 생겨줄 때 수명장수 시켜주며
칠성님에 명을 받고 제석님전 복을 주어
명과 복을 앵겨 주고 석가여래 명을 빌어
남에 여든 내 여든에 일백육십 진봉 달아
무쇠 몸에 돌끈을 달아 수명장수 시켜달라
일심정성 대령이니 지부지석에 노실 적에
칠성전안에 쇠열러 가요

아황임금만세야 / 천세 천세 쇠 열으세요 / 칠성님전에 명쇠를 열어 / 각성각문에 명쇠를 열어 / 자손만대 부귀쇠라 / 대사님 앞으로 쇠열러 가요 제석님 앞으로 쇠열러 가요 / 천냥들이 대바라쇠요 / 아흔아홉 상쇠로 열어요 / 만년들이 갱정쇠로 열어라 / 할림부태 너울쇠요 /천세 만세 쇠 열으세요

<춤>

바라춤, 나비춤 등 불교적 색채의 춤을 춘다.

<경쇠부정>

요령을 치고 흔들며 부정경을 읊는다

<갱지미부정, 타불>

칠배를 드리고 나서 나비춤과 활개펴기를 하고 제단의 제물을 둘러보며 흠향한다. 그 이후 맴을 돌고 한삼자락을 요대 뒤에 묶고 장검무를 춘 후 수명장생의 상징인 쌀(요미)을 떠 재가집에게 준다. 갱정을 들고 치며 회심곡 풍의 타불찬가를 읊는다.

갱지미부정
  제단을 향해 같은 자세로 갱징(경징)을 채로 두드리며 부정치기를 하고 끝나면 오른쪽 어깨 너머로 넘겨 떨어뜨리는데 경징의 입이 잦혀질때까지 떨어뜨린다.

<흘림공수>

오늘은 다 칠성제석님에 쇠열러 가실 적에 일대동 만대동에 각성각문 가가호소 명쇠 복쇠 열어 주세요

<춤>

<흘림공수>

오늘 이제 칠성쇠를 열었으니 다 열고 보니 입은 정성 잘 대령하셨소

<제배의식>

입에 함을 물고 향 공양과 칠배 의식을 한다.

<춤>

거상춤, 검무를 춘다.

제가집 공수주기

하미물기
함(삼각으로 접은 흰 종이)을 물고 절(一拜)을 올린다.

향탑돌리기
향로를 받쳐들고 사방으로 한바퀴 돌며 향탑을 신전에 공양한다. (거상춤 추기전에 올림)

쌍바라춤

칠배의식
　향탑을 상위에 올리고 나머지 육배를 하는데 좌우손을 높이 들어올려 한삼소매가 머리에 닿게 올린 후 무릎째 상체를 구부려 절하기를 반복한다.

거상춤

긴장삼을 펼쳐 정제된 영산제의 춤 형식과 비슷한 자태로 추는데 이는 불교 제의의식 이전부터 있어왔던 도교의식, 그 이전의 삼한시대 신녀의 무무의식이 분화발전되며 정착된

춤형식으로 보여진다.

거상춤
영산재, 권공재의 나비춤과 동일한 춤으로 칠성님을 찬양하며 놀아 드린다.

버벙구춤과 막춤

　느리고 아름다운 거상춤(거상장단)에 이어 조금 빠른 형식의 버벙구 장단에 맞춘 칠성춤이 이어지고 마지막으로 빠르고 경쾌한 막춤이 이어진다. 흔히 막장단이라해서 빠른 굿거리장단에 맞추어 신명을 돋우는 빠른 무당춤을 일컫는 말이다.

칠성검무와 요미뜨기

금색의 장검으로 춤을 추는 칠성무는 장엄하면서도 아름답다. 예전에는 1개의 장검으로 추었으며 근래에는 조금 짧은 칠성검 2개로 다양하게 쌍검무를 추는 경우도 많다. 수명장 생, 인간점지라는 칠성제석신의 성격에 따라 칠성검으로 쌀을 뜨는, 그리하여 칼날에 붙은

쌀알을 대동에게 주는 요미(瑤米)뜨기 또는 요미 붙이기는 곧 요미성수를 말하는 것이다. 이 요미는 숫자와 관계없이 그대로 전해주며 어떤집은 쌀이 칼날에 붙지않아 주지못하는 수도 있다. 또한 요미성수는 바라에 붙여 내려주기도 한다.

바라춤
 바라는 서울.경기북부 황해도 지역에서는 제금이라고 하는데 흔히 악기로 사용할때는 제금, 춤을 추는 무구로써는 바라라 칭한다. 외바라 · 쌍바라 · 대바라 · 천수바라처럼 악기의 형태나 추는 의미에 따라 춤의 명칭이 다양하지만 고려시대 이후(팔관회, 권공제등) 무불(巫佛))이 협업을 하면서 공동으로 각 제의식속에 뿌리내린 것이 아닌가 한다.
우리의 굿의식 가운데 칠성제석거리(이북굿) 불사거리 · 제석거리(서울,경기) 세존굿(강원,동해안) 제석굿(전라도)의 형식이 전국적으로 약간씩 다르게 분포, 연희되고 있는 것이 그 좋은 예이다. 전해오는 여러 문서로 보아도 굿형식이 가장 오래 된 고형(古形)인 것도 이를 뒷받침한다.

명다리놀음의 전형

인간의 수명을 길게 이어달라는 비념으로 흰 무명천 한다발에 이름과 나이를 써서 올린다. 대동의 각 가호 식구 마다 올리므로 숫자가 많다. 이는 일반굿의 경우에도 올리므로 칠

성제석거리에서는 빼 놓을 수 없는 의례이다.

<불사님 공수>

대사 복색으로 공수를 내린다.

중불사놀음
   승과 무는 오래전부터 공생적 관계로 민간신앙의식을 양분해오며 협업을 했으므로 도교,불교 불사할머니로부터 대사, 도사, 선사가 수호자적 의미로 들어와 있다.
   육환장에 가사장삼을 걸치고 염불시주를 나가는 등 여러 형태의 불승이 등장하고 호국의 서산대사, 개국의 무학대사 등이 등장하는데 무당의 학습능력에 따라 노래와 춤이 흐드러지게 연희되고 염송이 구성지게 읊어진다.

<동이천수>

물동이 위에 올라 신을 놀린다

<춤>

서산대사, 무학대사, 와룡선생, 단군, 팔선녀를 상징하는 선녀도 나오고 약사, 초립동이, 동자 등이 나오고 복색과 관모 장신구를 갖추고서 갖은 재주와 재담을 하며 중불사를 놀린다.

<복떡팔이>

명 명타러 가잔다 복 복타러 가잔다
칠성님전에 명 타러 오세요 명 타러 가잔다
대사님 전안으로 명 사러 가잔다
제석님 전안으로 명 사러 가잔다
삼신산에 불로초요 수양산(마을에 따라 본산을 부름)으로 수양초(00초)요
인삼녹용을 사러 와요 불사약을 사러 와요
이 떡을 사가시면 없는 자손을 점지하고
있는 자손은 수명장수에 부귀영화 이뤄줘요
앓는 인간에 불사약이요
명 타러 오세요 복 타러 오세요

<천수타령>

받는 소리 : 에어리두 천수가 가요
메기는 소리 : 천수천수 수천수야
　　　　　명천수 복천수 수천수가요
　　　　　일곱칠성에서 수천수 들어요
　　　　　인구마다 식구마다 남녀노소 아들 딸에
　　　　　명천수가요 복천수 받으세요
　　　　　맑은이 천수 칠성당에도 맑인이 천수

용태부인과 용사슬놀음
 용궁항아리가 등장하면 용태부인의 화려한 가무가 펼쳐진다. 두발로 용궁항아리에 올라 사방을 한바퀴 돌고 복을 내려준다. 또한 팔선녀, 용궁동자, 애기씨들 놀음도 계속된다.

천수치기
맑은 청수그릇에 싸리가지 또는 흰서리화꽃으로 물을 찍어 뿌리는 의식으로 천수타령가사를 음송하면서 축원을 내려준다. 남은 청수는 제관과 추진위원들이 한모금씩 마신다.

굿에 참여한 모두에게 복떡나누기
  명떡·복떡이라 해서 대동의 모든 사람들에게 떡을 나눠주며 이때 정성돈을 바친다. 이를 "복떡팔이"라고도 한다.

<날만수받이>

아황임금만세 / 잘 놀았소이다 / 칠성제석님 / 잘 받았쇠다 / 일대동에 / 물 맑혀요 / 공수천 맑혀 / 신청문 맑혀 / 잘 받았습니다

칠성사슬세우기
날만수와 "탈의로다"를 하기 전 사슬을 세운다

(10) 소대감굿

<사방위를 한바퀴 돌며 신을 청배한다.>

<만수받이>

모여랴오 모여랴오 소대감님 모여랴오
소대감님 모실 적에 해원단년 00년에
달에 월색 00본명 날에 공수 00날에
거주야동명 00동에 일대동 만대동에
일도나 정성 대령일 때 소대감님 노십니다
솔솔 빌어주시던 소대감님 욕심 많으신 대감님들
탐심 많은 대감님들 몸주대감은 내 대감님
물아래 천량두 낚아줘요 물위에 천량두 휘어 들여
대감님들께 비나일 때 솔솔 빌어주시던 소대감님
잠시잠간 놀고 나요 아- 에-

소대감거리
공연자료사진 (88년 인천시민회관)

소대감의 복식 (2006년 박순희 만신)

  패랭이 갓과 베장삼은 전형적인 중인계급의 외출복이다. "솔솔빌어주시던.." 이란 청배 가사에서 볼 수 있듯 재물이 솔솔 늘어나는 형국을 묘사하는 것으로 보아 보붓상(상인)이나 역관 등 조선시대 조공무역의 일익을 담당하는 중인계급이 추존된 것임을 알 수 있다. 조선후기사회는 양반사대부보다 더 경제권이 우세해진 중인계급이 득세하여, 재물대감으로 신격화된 점, 다른 지역의 굿거리에서는 전혀 나타나지 않고 교역·사신로가 있는 해서 지역에서만 재물신으로 정착된 점 등이 이를 증명한다 할 것이다.

<춤>

네혼냐 만구백관 신에 창부야 해원단년 00년에 달에 월색은 00본명에 날에 공수 00날 아니더냐. 네허냐 기다리던 정성에 비자던 정성인데 우리 솔솔 불어주시던 소대감님 네허냐, 물아래 천량두 낚아주구 물위에 천량두 휘어들이구 남녀노소 아들딸에 부귀천 돋아주구 가난때 벗길 적에, 네허냐 다 이만 못한 굿을 해도 오래떡이 서말이라구 우리대감님이 받을 게 진양 없구 쓰잘 것이 진양 없으나, 네허냐 솔솔 불어주시던 소대감님 잠시잠깐 놀고 없는 자손 두 돌려주구 있는 자손 수명장수 시켜줄 때, 명두 타 주시구 복두 타다 줌세.

<서낭기를 휘휘 날리며 흐드러지게 춤을 춘다.>

<명복타령>

받는 소리 : 에- 얼싸좋다 지화자좋다 지화자 정좋다
메기는 소리 : 명 명타러 가잔다
     칠성님전에 명타러 가잔다
     복 복타러 가잔다 복 복타러 가잔다
     제석님전에 복타러 가잔다
     명을랑 타다가 품에다 꼭꼭 앵겨다오
     복을랑 타다가 등에다 지잔다
     돈 돈벌러 가잔다 돈 돈벌러 가잔다
     연평도 바다에 돈벌러 가잔다
     돈 돈실러 가잔다 돈 돈실러 가잔다
     사해나 바다로 돈실러 가잔다
     얼 얼마나 벌었나 얼 얼마나 벌었나
     한없는 철량을 끝없이 벌었다
     봉 봉죽을 질러라 봉 봉죽을 질러라
     이물에 고물에 쌍봉죽 질렀다
     장 장화발 늘여라 장 장화발 늘여라
     이물에 고물에 장화발 늘었다

소대감춤 (2006년 박순희 만신)

　벼슬대감, 전안대감(도대감), 군웅, 신장대감과는 다른 복색과 비교적 활발한 춤사위는 양반춤과는 확연히 다르다. 특히 명과 복을 빌어주는 명타령복타령, 돈과 재물(천량)을 휘어들이는 업양타령(복빌이타령)을 부르며 서낭기로 복을 퍼담아 안겨주는 춤사위는 재물대감의 명복기원 사상을 잘 묘사하고 있다.

우리 솔솔 불어주는 소대감님 복도 타다 주고 명도 타다 줬으니 우리 갖은 업양에 갖은 복이나 빌어나 주세

<한바탕 걸지게 추고나서 복빌이타령을 부른다.>

<복빌이타령>

청학 백학이 놀던 자리 백학 한쌍이 표적이다
청룡 황룡이 놀던 자리 비늘이 떨어져 표적이다
소대감님이 놀던 자리 가지에 오복이 표적이라
휘어라 낚아라 끝없는 천량을 휘어들여라
남한일대에 널린 천량 00동일대동으로 다몰아 들여라
팔도에 널린 천량 산줄로 수줄로 다 낚아 들여라
동서남북에 널린 천량 화물차 기차로 다 실어 들여라

<공수>

여보소 네허냐, 우리 소대감님 솔솔이 불어줄 때 먹구 남게 생겨 주구 쓰구 남게 생겨서, 아들딸 남녀노소에 부귀천 돋아주구 가난때 벗길 적에, 이만하면 너구리발 넉넉하구 깻잎이 청청하니 소대감 잘 놀구 났다구 여쭈오.

<돈다리를 펴고 흐드러지게 놀고 정성돈이 든 삼베를 둘둘말아 연풍춤을 추고 제관에게 앵겨준다.>

<날만수받이>

아황임금님만세/ 오늘날에/ 잘 놀구 날 때/ 소대감님/ 잘 받으시구/ 남녀노소/ 아들딸에/ 밤이며는/ 불이나 밝고/ 낮이나 되면/ 옥수가 맑아/ 망구나신청/ 물 맑혀줘요/ 소대감님/ 잘받으시구/ 신에 애기가/ 섰던 자리/ 은금보화/ 솟은 듯이/ 청학백학/ 노는 듯이/ 만구나 신청/ 물 맑혀줘요

소대감거리(돈다리)놀음
　긴 삼베를 늘여놓고 그위에 정성돈을 얹고 기복을 빈 후 둘둘 말아 안고 연풍춤을 추고 집안에 재물복을 내려준다. (사진 / 조영숙 만신)

(11) 성주굿

<사방위를 한바퀴 돌며 성주신을 청신한다.>

<성주만수받이>

모십시다 모십시다 성주님들을 모십시다
성주님을 모실적에 해원단년. 00년에 달에월색 00본명
날에천문 00날에 동구동명 00동에 일대동 만대동에
신의애기 시위서서 성주님을 모시려오
우청룡 좌백호요 좌청룡은 우백호라
치달아서 대살량 내려 달아 소살량에
살량집들은 할아버지 지신집들은 할머니라
터임자는 터주 지신 집임자는 성주나 판관
성주판관은 대주님 차지 팔만재량은 기주님 차지
성주판관에 성주목사 성주나 도령에 하회받아
호반같은 남성주며 부녀같은 여성주여
안성주면 밖성주여 문성주면 업성주라
초일곱은 애기성주 열일곱은 도성주라
스물 일곱은 부녀 성주 서른 일곱은 여성주요
마흔 일곱은 남성주고 쉰 일곱은 중년 성주
예순하나는 환갑성주 초가는 초가성주 대가는 성주목사
와가는 성주판관 성주나 판관님 하회받아 성주본이 어디시냐
경상도 안동땅에 제비원이 본이로다 운무중천 던져노니
밤이면은 찬이슬에 낮이면은 태양받고 죽은 나무 지정받아
산나무 적파해다 명장구는 거동소리
아흔아홉 상쇠소리 신살부채 할림속에
백지나 일장 벗을 삼아 안에 안당으로 모셔다가
본말에다 붙여놓고 인간은 늘어서 방안 채워
전곡은 늘어서 곳간 채워 천리나 곳간이 늘었어요
만리 곳간 채워 달라 일심정성 대령이요
이번 신사 받으시고 남녀자손 아들딸에
부귀천을 돋아줘요 가난때를 벗겨줘요
일심정성 받으실 때 잠시나 잠깐 노십시다

<춤>

꽃갓과 빗갓의 차이
성주님은 집을 관장하는 신으로써 터주신은 집터를, 성주신은 가옥을 담당한다. 성주굿은 집을 짓는 내력과 사람의 삶과 그리고 강녕한 행복을 기원하는 굿이다. 성주굿은 검은 빗갓에 옥색도포를 입고 성주 모시기를 하며 가정집에서는 솔가지를 들고 대내림을 한다. 대동굿에서는 꽃갓과 쾌자차림으로 논다.

<높은 공수>

네헤-허냐 여봅소
우청룡은 좌백호요 좌청룡은 우백호라 치달아 대살량에 내달아 소살량 아니더냐, 산신령 할아버지 지신집 마누라 터임자는 터주지신 집임자는 성주판관님 네헤허냐 운성주며 복(福)성주며 안성주며 복성줄 때 우리성주님 놀자는 정성이니 우리성주님 놀으시고 반갑게 받으시고 귀엽게 받으시고 남녀 자손에 부귀천 돋아주고 가난때 벗겨 달라는 정성이 아니더냐.
네헤 허냐 이번에 해주 본영 대동굿에 아름답게 받으시고 뜻있게 받으시고 운맞이 받고 복맞이 받고, 네헤 우리성주님 오방지신 터주살량이 이층삼층 돋으러지게 허냐, 우리 지정이나 닦아줌세.

지경닺기
집을 짓기 전 터를 큰 돌로 쿵쿵 다져서 기초를 만드는 과정을 노래로 음송한다. 농경사회에서는 집을 짓고 집들이전 반드시 하던 의례였으나 산업화시대 아파트 문화가 유행하면서 성주굿은 형식적인 굿의례로 축소되었다.

<지정타령>

받는소리 : 에 어리두 지정이야
메기는소리 :
에헤 어리두 지정이야 / 성주근본이 어디시냐 / 경상도 안동땅에 / 제비원이 본이로다 / 솔씨 갈씨 받아다가 / 성주산에다 던져 놓아 / 마부가님 밭을 갈아 / 애미보살 씨를 뿌려 / 지정보살이 물을 줘서 / 사흘만에 싹이 나서 / 칠일만에 잎이 나요 / 그솔이 점점 자라나서 / 사방서리가 넉넉하다 / 그 솔이 점점 자라나서 / 동설나무 되었구나 / 그 솔이 점점 자라나서 / 중틀감이 되었구나 / 그 솔이 점점 자라나서 / 서까래감이 되었구나 / 그 솔이 점점 자라나서 / 사살기둥이 되었구나 / 그 솔이 점점 자라나서 / 소부동이 되었구나 / 그솔이 점점 자라나서 / 대부동이 되었구나 / 찍으러 가자 찍으러 가자 / 명산대천으로 찍어러 가자 / 앞집의 소목수야 / 뒷집에 대목수야 / 소톱대톱 옆에 끼고 / 명산대천을 올라서서 / 실금실적 때려 뉘어 / 밑의 나무 밑을 치고 / 옆가지는 옆을 치어 / 굽은 나무 곁다듬고 / 접은 나무 굽다듬어 / 동쪽 한가질 찍고자 한들 / 자손오복의 열매로다 / 동쪽 한가질 찍고자 한들 / 유리야 동자야 봉을 박아 / 북쪽 한가질 찍고자 한들 / 금 도끼가 시를 불어 / 매달구지는 짝을 모아/ 쌍달구지는 굽을 쳐서/ 제일명당에 터를 잡아/ 사명당에 묵줄쳐 놓아/ 수명당에다 우물 파고 / 토신에다간 허구 빌어 / 석신에다 돌을 빌어 / 목신에다 나무를 빌어 / 사해용왕에 불을 돌려 / 네귀마다 주춧돌이 / 긴대머리 시칠까봐 / 가만히 살짝 닫아주자 / 긴대허리 다칠까봐 / 가만 살짝 닫아주자 / 앞두칸에 열두칸에 / 뒷두칸에 열두칸에 / 수물네칸 세워놓아 / 올라간다 올라간다 / 만년진세 올라간다 / 올라간다 올라간다 / 천년 황토가 올라간다 / 암개왓장 제껴 생겨 / 숫기왓장 엎어 생겨 / 열두간을 지워 놓어 / 앞문전에 남정 세워 / 뒷문전에 여정 세워 남정 여정 늘어대고 / 천리나 곳간을 늘어주오

제가집 공수

<성주업양>

에헤 밑에 곡식은 싹이 나고 / 중도 곡식은 매가 들고 / 위의 곡식은 범도새라 / 유리동자에 봉을 박아 이 터전은 무슨 터냐 / 몰래던지 가진 오복이 다드누나 / 대지나 업양은 쏘셔 만드누나 / 이내 업양은 아자꿍 자자꿍 걸어든다 / 긴대 업양은 쓸려만 들어 / 쪽제비 업양은 깡충깡충 뛰어들어 하늘의 대복은 둑뚝딱 굴러만 들어요 / 호박같은 복이라도 / 때굴때굴 굴러들어 / 가진 업양은 몰아만 주고 / 인간은 늘어서 방안을 채우고 / 전곡은 늘어서 곳간을 채워줘요 / 천리나 곳간을 채워줘요 / 만리나 곳간을 채워줘요 / 먹고 남게 생겨주고 쓰고 남게 도와줘요

<날만수받이>

잘 놀았쇠다 / 아황(我皇) 임금 만세 / 오늘날에 / 성주님들/ 잘 놀으시고 / 천년대를 / 눌려 주고 / 만년대를 / 눌려나 주구 / 이마전에 / 인연 주구 / 신연 줘서 / 아들딸에 / 남녀노소 부귀천을 돋아 / 가난때를 벳겨 / 재수나 운수 / 얼어나 줘요 / 살펴나 쉬요 / 만구나신정 / 불 맑혀줘요

지영다지기와 업양타령

황해도대동굿

(12) 사냥거리(군웅굿)

<사방위를 한바퀴 돌며 신을 모셔들인다.>

<만수받이>

사냥가세 사냥을 가세 명산중으루 사냥을 가세
해원단년 00년에 달에 월색은 00본명 날에 천문 00날에
일대동 만대동 명사리로 발원이요
각성각문 남녀노소 재수 달라 발원일 때
못받았다 하지 말구 명사리로 받아요
차례차례루 받으실 때 명산대천에 사냥 가요
사냥꾼들 열다섯 명 몰잇군도 열다섯 명
포군두 열다섯 명 사십오 명 거느리고
언덕 넘어 등 넘어 고개 넘어 마루 넘어
모래틈틈 바위틈틈 가랑잎 숲속을 찾아가서
명산대천에 올라서서 팔도명산을 유람돌 때
함경도라 백두산에 명산신령 시위서서
평양하구 묘향산에 황해도에 구월산이요
강원도라 금강산에 경기도라 삼각산이요
충청도에 계룡산에 전라도라 지리산에
경상도라 태백산에 팔도명산 산신인데
명산신령님 하회 받고 얕이 내려 부군님 세 살하고 목신이라
이 고랑산에 일대동 만대동에
각성각문 명사리 대수대감님 사냥가요
인삼녹용 사냥가요 노루사슴 사냥가요
들로 내려 까치사냥 수풀 속에 꿩사냥 다 제쳐놓고
인삼녹용 노루사냥 노루 사냥을 각성각문에 안겨줘요
명으로 안겨주고 높은 곳에 바칩니다
얕은 곳에 인구마다 대수대명 보냅니다
목신대명 석신대명 인신대명 수대명
살대명 명대명 대수대명 사냥 가요

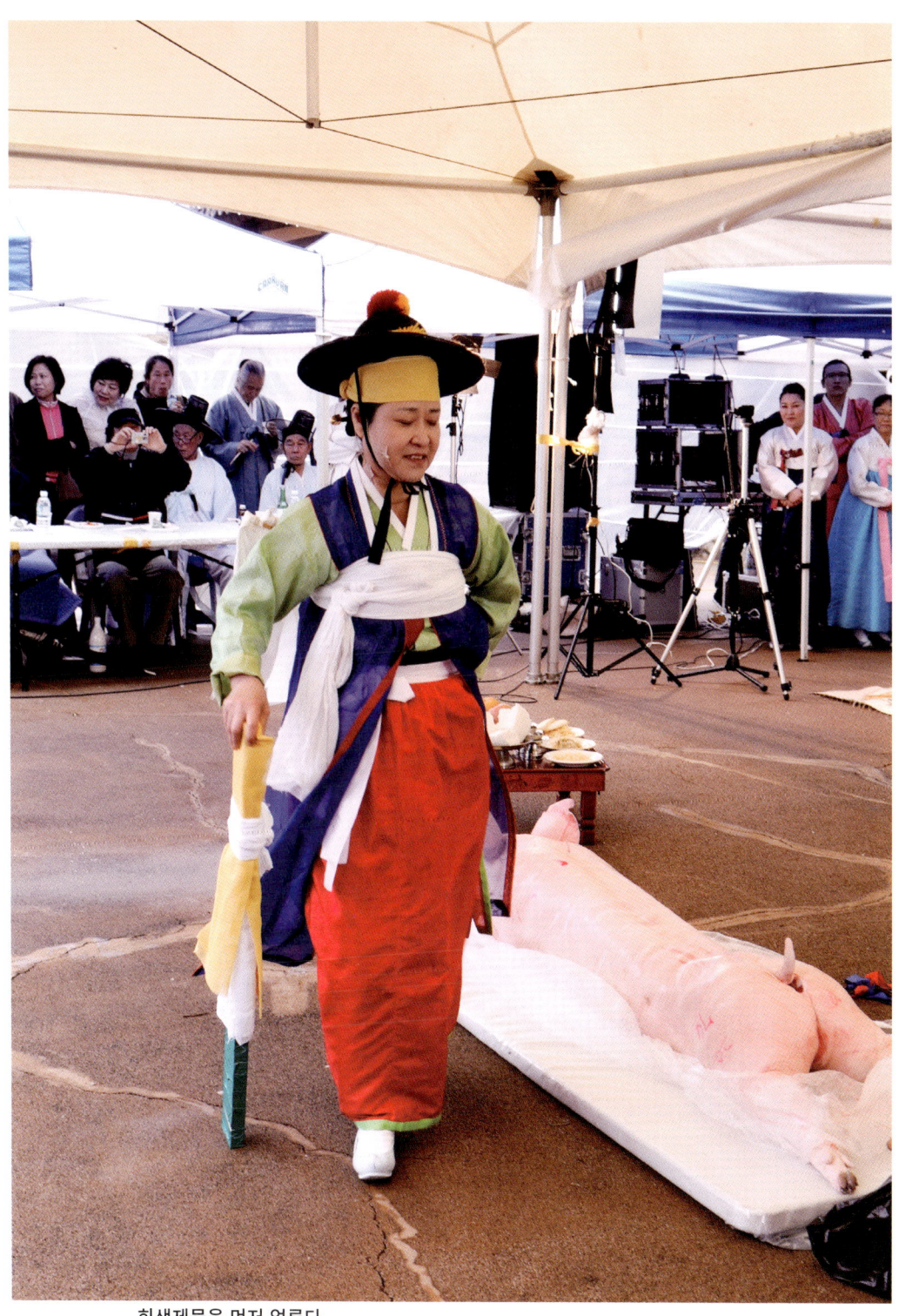

희생제물을 먼저 얼른다.

하실 말씀 많지만은 서경시패가 늦어가니 명산대천으로 사냥 가요

<높은공수>

<아뢰는 말>

아- 동네전 방네전 일대동 만대동 만구영천에 각성각문에 대령일 때 팔도명산에 사냥을 가요. 높이 올라 상산 명산대천에 올라갈 때 상산막둥이 찾아서 언덕 넘어 등 넘어 재 넘어 모래틈틈 바위틈틈 가랑잎 숲속으로 사냥을 갑시다.

<흐드러지게 연풍춤을 한다.>

<사냥놀이>

무당 : 당신네들 거 뭐합니까?
장고 : 우리요, 일대동 만대동 각성각문에 명사리로 대령입니다. 복사리 정성이요.
무당 : 그런가? 열두거리 열여덟 거리 낱낱이 제자리 찾을 적에 팔도명산 유람 돌아 명산에 올라서서 노루사슴에 인삼녹용 불로초약을 찾아다가 죽은 인간 살려주고 앓는 인간 약을 주고 산 인간에게 복을 주는 사냥을 가세. 포군도 열다섯 명, 몰이꾼도 열다섯 명, 사냥꾼도 열다섯 명 ,사십오 명을 거느리고 명산대천을 올라가자. 이 고랑산에 높이 올라 사냥가세.
장고 : 네. 가야지요. 명산대천
무당 : 그런데 상산막둥이를 찾아야지. 언덕 넘어 재 넘어 마루 넘어 우거진 숲속을 찾아다니면서 나무 열매만 따먹고 오이 자라듯 호박 자라듯 무럭무럭 자라서 일대동 만대동에 좋은 일만 한다던데 상산막둥이를 찾으로 갑시다.
(내림 장단)

찾으러 가세 찾으러 가세 높이 올라 상산이고 앞이 내린 수살이며 수살 목신에 부군당 우거진 숲속에 마루 건너 상산막둥이 어디 갔냐 일대동 만대동 만영천 대영천 명산대천에 인삼녹용 사냥가시란다 막뒤!

희생제물과 대수대명

　20여년 전까지는 살아 있는 돼지, 소 등을 묶어놓고 얼르고 놀다가 잡아서 희생제물로 삼았다. 청배무가 "사냥가세 사냥을가세.." 로 시작하는 만세받이가 끝나면 잃어버린 아들 상산 막둥이를 찾아 상봉하고 그를 앞세워 사냥을 나간다는 연극성놀이. 이러한 제물 사냥 은 인간의 횡액을 막는 대수대명사상에서 시작되었다고 전해진다. 고대 종교의 희생사상 과 맥을 같이하는 것으로 인간의 죄를 대신하는 대속사상의 하나이다.

장고 : 막둥아, 그래야지 막둬, 그러면 됩니꺄?
무당 : 옳거니, 막둥아, 해야 한다구?
　　　아이구 아이구 그말마소 옛날 옛적에 왕실 임금 앞에 으젓하고 꼬부라진 양반이라고 한 가문에 그 자식을 하나 낳았는데. 아, 쩔뚝발이가 되고 접박이가 되구 애꾸가 되는 병신이 돼서 써먹지도 못한다구 이고랑산 숲속에다 던졌더니, 아, 점점 자라서 상산막둥이가 돼서 골로 내려 좋은 일만 하고 일대동 만대동에 물맑힌다니 막둥이를 찾아야지.

<춤>

　　　(내림장단)
어디 다시 찾아보자 높이 올라 상산이요 얕이 내려 노산이요
개똥이냐 찔똥이냐 새똥이냐 다 제쳐놓고 상산막둥이를 찾아가자
장마당에 보리뚜기냐 물가에 꼴뚜기냐 옹패기로 하나적에 버렸더니
상산막둥이가 되었다 하니 찾아 보세

<춤>

　　　(내림장단)
아, 막둥아 막둥아 내 막둥이야
명산대천으로 사냥가잔다 이 사냥 저 사냥 다 제쳐놓고 인삼녹용 노루사슴에 사냥 가잔다 막둬-

장고 : 아니 막둥아, 그래도 나올듯 말듯한데 또 그러네. 그러지 마시구 좋은 말로 다시 불러봐요.
무당 : 그렇지 않아도 올챙이 적에 갖다버려서 불쌍하구 가련해서 그냥 눈물이 앞을 가리구 심란하구 처량하구 울고 싶은데 잘 불러 찾아야지. 살아도 삼배 죽어도 삼배, 삼배라는데 다시 막둥이를 불러볼까?

<춤>

　　　(내림장단)

상산막둥이 (사진 / 김민애 扮)
화도진 발표공연 상산막둥이 부르는 장면

찾으러 가세 찾으러 가세
높이 올라 상산 이산 저산 양산 중에 명산대천 오르고 내려 우거진 숲속을 찾아다니며 머루 다래 따먹고 사는 상산막둥아!

막둥이 : 네에……
무당 : 아이구 옳구나 옳구나 옳겠다.
　　　귓구멍에 당마전술 박은 줄 알았구, 말 잡아먹구 귀양간 줄 알았더니 상산막둥이가 왔구나. 어디 보자 어디 보자 니가 상산막뒤라구?
막둥이 : 네-
무당 : 니가 옹패기에 하나 가득 됐을 적에 버릴 걸. 양반 가문에 태양 같다. 씨는 좋은 씬데 병신이 되고 얼룩배기 절룩배기 점백이 아니 쪽박바지가 돼서 숲속에다 버렸더니 뭐 먹고 자라서 상산막둥이가 됐냐?
막둥이 : 깊은 산중에 올라가서요 머루 다래도 따먹구요
무당 : 옳거니
막둥이 : 가서요 솔잎두 따먹구요
무당 : 저것 좀 봐
막둥이 : 들판에 가서 꿩도 잡아먹구요
무당 : 옳거니
막둥이 : 도라지두 캐먹구요, 다 먹구 살았어요
무당 : 그렇게 해서 꽃 자라듯 호박 자라듯 자라서 말뚝같이 잘 자랐으니…… 아니 등치는 막대 같이 크기도 크다
　　　껑충하니 그만하면 꽤 써먹겠구나. 그런데 니가 진짜 상산막뒤냐? 니 동네가 어디냐?
막둥이 : 저어기요
무당 : 저어기가 어딘데?
막둥이 : 등 넘어 재 넘어 어깨 넘어 저기예요
무당 : 옳거니, 등 넘어 언덕 넘어 능청 넘어 등창골이 니 동네지
　　　그런데 니 고향이 어디냐? 아무래도 모르겠어. 내 자식은 삼중부랄이 달렸는데 너 어디 좀 보자.
막둥이 : (앞에 달린 삼중부랄을 가리키며) 맞아요.
무당 : 달렸냐?

상산막둥이 상봉

막둥이 : (삼중부랄을 흔들어대며) 네.
무당 : 옳아 옳아 막뒤가 옳아. 삼중부랄이 달렸거든. 그런데 막바루 무바루 좃바루 진짜 막뒨데 흐린 날은 뭐라고 하냐?
막둥이 : 흐린 날은 뿌드득 뿌득하고 비오는 날은 찍찍찍 찌르릭 해요
무당 : 오, 맞아 맞아. 우리 막둥이가 그랬거든. 비오는 날엔 찌르릭 찌르릭 했는데 맞다 맞다. 그런데 한 가지만 더 물어보자 니 고향은 어디냐
막둥이 : 고향은요 응…… 어깨 넘어 등창골 풍천이요
무당 : 아이구, 아이구, 막둥아! 내 막둥이가 맞구나
막둥이 : (품에 안기며) 엄마야.
무당 : 아이구 내 새끼야. 그런데 내가 여길 찾았을 땐 책임이 중요하다. 일대동 만대동 명달라 복 달라 포군 사십오 명 거느리고 노루사슴 사냥을 해오라는데 상산막둥이가 있어야 한단다.

(내림장단)
팔도명산 유람을 돌아서 노루 사슴에 사냥을 하러 가서 죽을 인간 살려 주구 품에다 안거주구 등에다 지어주구 대신대명 인신대명 목숨 대명 사신대명 보내 달라고 명산대천에 사냥가세

(무당은 길 떠나는 연기를 하고 막둥이는 사냥하는 춤을 춘다)

무당 : 막둥아
막둥이 : 네에.
무당 : 너 함경도 백두산에 올라가서 무슨 사냥을 해왔냐?
막둥이 : 하나도 안뵈요.
무당 : 하나도 안뵈?
막둥이 : 예
무당 : 그러면 정성이 지극치 못했군, 너 갈 적에 고기 먹구 갔었구나? 그러면 저어 평안도 묘향산에선 무슨 사냥을 해왔냐?
막둥이 : 아무것도 안뵈요
무당 : 저기서두 아무것도 안뵈?
너 삼중부랄로 복병아리 같은 색시 집에 혹 안갔었냐?

막둥이 : 안갔었어요.

무당 : 그럼 정성이 지극치 못했구나. 그러면 너 황해도 구월산에 가서는 무슨 사냥을 해왔냐?

막둥이 : (심술이 나서) 엄마는 아쉬울 땐 날 부르고 날 낳았다구...... 입 삐뚜러지구 손 오그라지구 점백이구, 같이 장에 가다가 운동짓날 초하루날 다리통 밑에다 집어던지구 달아나 놓구선...... 이거 봐요 엉덩이가 시퍼렇게 멍든 거요. 나 사냥 같은 거 안해요.

무당 : 아니다. 아니다. 잘못했다 내가 잘못했다. 그러나 어떻게 하냐? 일대동 만대동을 위해 상산막둥이가 있어야 된다니. 머루 따먹구 오이 자라듯 사서 막뒤가 됐으니 팔도명산을 올라야 되니 할 수 있느냐. 그래 구월산에선 무슨 사냥을 해왔냐?

막둥이 : 거기 가니까 그냥 훨훨 날아다니는 것만 뵈지 똑똑히 안뵈요.

무당 : 저것봐. 그 산에 올라가다 개똥에 자빠져 옷에 묻어서 정성이 지극치 못했구나. 그럼 강원도 금강산에 올라가선 무슨 사냥을 했느냐?

막둥이 : 여기저기 댕겨보니 산 좋고 물 좋길래 목욕하고 실컷 낮잠 잤죠 뭐.

무당 : 저걸 어떡해. 개울 옆에서 낮잠만 자고 금강산 줄기는 올라가지도 못했구나. 그럼 경기도 삼각산에 올라서 보았느냐?

막둥이 : 삼각산에 가다가요. 산봉우리가 세갠데요. 어느 산이 진짠지 몰라 못찾았어요.

무당 : 정성은 안드리구 술집에 들어가서 술 타령만 했구나. 그럼 충청도 계룡산엔 올라갔느냐?

막둥이 : 사냥을 해야지 하구 계룡산에 갔다가 굽이굽이 고개가 많아서 어느 골이 진짜골인지 바라보다가 찾지 못했어요.

무당 : 그러면 전라도 지리산은 갔었느냐?

막둥이 : 지리산은 갔었우.

무당 : 갔댔어? 무슨 사냥을 했냐?

막둥이 : 갔었는데 뭐가 껌껌한 것도 뵈는 것같구 왔다갔다 하는 것두 봤어요.

무당 : 어허, 싹도 못봤구나. 그러면 경상도에선 무슨 사냥을 해봤냐?

막둥이 : 경상도요? 경상도 태백산이래나 뭐래나, 걸 갔더니 하나도 안 보여요.

무당 : 하나도 안뵈?

팔도명산을 올라갈 때 산신님께 치성도 안드리고 장군님께 무수제배도 못드리구 사냥감 해달라구 고백살도 안드렸으니 이산저산 팔도명산이라해두 싹도 못보지. 이 고랑산은 장구산 명산이니 상산본향 도당부군신령께 석달 열흘 백일기도를 올리자. 그렇게 하면 팔도명산 사냥감이 나올 거다.

  (내림장단)
장구산은 명산이요 겔겔산은 복산인데 일대동 만대동 사냥갈 때 막둥이가 정성이 부족하야 싹도 못보고 중턱에서 헤메다 왔습니다. 상산에 토산에 높이 올라 부군님 장군님 신령님께 석달 열흘 백일치성 드립니다. 아……에……

상산막둥이 : 몸을 구부리고 가랑이 너머로 고개를 들이밀며 농탕을 친다

무당 : 막둥아, 아니 너, 너는 어미 뱃속에서 나올 때 머리부터 나왔는데 어쩌자구 장구산에 까꾸루 똥구멍을 갔다니?
막둥이 : 다리 병신이라 구부러지지 않는 걸 어떻게요?
무당 : 그렇게 하면 팔도명산을 올라설 수가 있느냐? 막바루 똑바루 열손가락 모으고 앞으로 손을 모아 제배를 드려야지. 서산에 해 지기 전에 상봉마다 그늘 지기 전에 두손모아 합장하구 장구산에 고백드려라.

  (내림장단)
장구산은 명산이요 겔겔산은 복산이라 이고랑에 높이 올라 상산본향 할아버지 섬기오니 막둥이를 가엾이 여기시고 사냥을 하게 해주십시오 아- 에-

무당 : 이놈 막둥아, 아니 그렇게 하면 어떡해. 아휴 속상해. 그러니까 너를 갖다 버렸지.
막둥이 : 나 사냥 안가. 나두 자랄대루 다 자랐으니까 장가 보내줘야지 뭐
무당 : 저것 봐. 저것이 장개부터 가겠다니 저걸 어떡해. 여기 아주머니들요, 애 장개 좀 보내줘요.
막둥이 : (구경꾼 중 한 여자를 가리키며) 나 저 색시한테 장가갈래
무당 : 아휴, 그래두 이쁜 색시한테만 가겠다는구만. 아주머니들 아저씨들, 우리 막둥이 저 색시한테 장개 좀 보내주슈.

상산막둥이놀이
우여곡절끝에 상봉한 막둥이, 아랫도리에는 삼중불알을 차고 있다. (옛날에는 짚불알)

장고 : 사냥을 해와야 장가 보내주지
무당 : 사냥을 해와야 장개 갈 수 있단다. 떠오르는 일월이 명랑하구 천지가 밝아오고 동지 서광이 훤하니 우리 막둥이 사냥을 잘해요. 석달 열흘 백일기도 올렸으니 산신인들 모르시랴 명산님들 모르시랴. 춤으로 연락해서 명산대천에 사냥을 가세.

<춤>

무당 : 막둥아, 그래 싹은 봤느냐?
막둥이 : 싹이요, 쬐끔 보였어요
무당 : 조금 뵐려고 했어?
막둥이 : 예, 뵐라당 말라당 했어요.
무당 : 무슨 싹이 뵈냐. 노루 사슴의 싹이 뵈디, 들루 나려 까치 사냥이 뵈디. 검정 수퇘지가 뵈디. 골루내려 인사냥이 뵈디. 어디 무슨 사냥이 뵈든?
막둥이 : 요만한 생쥐 같은 게 왔다갔다 했어요. (말을 마치자 좌우로 몇 번 돌다 구석으로 가서 모로 눕는다)
무당 : 저걸 봐, 눈 번쩍 뜨고 보라니깐 생쥐새끼나 보구 있구먼. 골루 가라면 들루 가구 들루 가라면 시궁창에 빠지구, 개똥에 자빠지구 쇠똥에 미끄러지구 중턱에 헤메니.. 아니 저 막뒤 새끼가 낮잠을 자고 있네. 아주머니들, 우리 막둥이가 지치고 배고픈 모양이니 먹을 거나 좀 주슈.
장고 : 거기 한상 잘 차려 놨어요.
무당 : 야, 막둥아.
막둥이 : 응
무당 : 한상 잘 차려놨으니 배꼽눈이 툭 튀어나오도록 실컷 먹구 나머지는 오쟁이망태에 쪽박에다 가뜩 담아 갖고 가라. 푸으, 잘도 먹는다. 야, 이 자슥아. 막잔이나 마시지 말지 취해 갖구 드르렁거리냐. 야, 저것 봐. 기지개 쓰는 거봐. 야, 야, 삼중부랄 떨어지면 너 거기 올라가지두 못한다. 어휴 어휴 오뉴월 염천지에 진드기가 다 파먹으면 어떡해. 쇠부랄 찐 건 줄 알구 다파먹으면 어떡하려고 꼭꼭 감춰.
막둥이 : 예, 예, 그런데 노자가 없잖우
무당 : 일대동 만대동 아주머니들, 상산막둥이가 명산을 올라가는데 노잣돈

장고산이 역할과 악사 (장고 / 현순이)
장고산이는 연극 대사를 이끌어가는 일종의 고수역할을 해야 한다. 굿속의 재담(연극)은 스토리를 끌고가는 두 인물의 대사에 잘 나타나 있다.

좀 주세요. 노잣돈을 줘야 사냥도 잘 해와요. 아줌마도 한 푼 주슈. 아저씨두 한 푼 주슈…… 얘 이건 돈이다. 낑낑거리며 잘 지구 올라가거라. 어어, 저거 아직두 안가구 있어. 쪽박 내놔.
막둥이 : 왜, 왜?
무당 : 그럼 올라가겠느냐. 그런데 왜 기지개 쓰구 안가구 있냐?
막둥이 : 갈려구 그러는데 왜 자꾸 그러슈
무당 : 그래 그래 내 새끼, 고을로 숲으로 명산으로 사냥을 가세.

〈춤〉

무당 : 야, 사냥 해왔냐?
막둥이 : 예. 함경도 백두산 평안도 묘향산 황해도 구월산 경기도 삼각산 강원도 금강산 충청도 계룡산 전라도 지리산 경상도 태백산에 팔도명산을 다 돌구돌아서, 이것 봐요. 이만한 거 잡았지요.
무당 : 어디 보자. 야, 노루 사냥을 해왔구나. 그러기에 막둥이지. 아이구 착해라.
막둥이 : 질, 질루 질 큰 걸루 잡아왔시요. 질, 큰 걸루
무당 : 니가 어떻게 잡았느냐?
막둥이 : 사십오 명 포꾼 사냥꾼 다 제쳐놓구 내가 잡았어요. 포꾼 사냥꾼은 내 뒤만 따라 다녔시요. 내가 어떻게 한 줄 알우? 산놈은 때려 잡구 죽은 놈은 얼러 잡았지. 단칼로 벽따구 사냥놀이 놀자 하고.
무당 : 일대동 만대동에 각성각문에 남녀노소 인삼녹용을 안겨줘서 죽을 인간 살려줘야 되구 대수대명으로다 인신대명 석신대명 빌어야 되니 거기다 엎어 놓구 가로 재구 세로 재구 길로 재구 시루 재서 일대동에 만대동에 높은 곳에다가 바치구 장군님에 바치구 단칼루 숨겨서 대수대명으로 보내자.
(무당은 춤을 추고, 막둥이가 산돼지를 타고 앉아 돼지를 잡는다)

무당 : 상산막둥아, 이것저것 한다구 다 했으니 춤으로 얼러대구 웃음으로 낙낙해 한상 거둥 두상 진배 함지밥에 독에 술로 다 풀어내구 안구 가구 이구 가서 높은 데 바쳐라!

〈춤〉
함께 춤을 춘다. 굿을 끝내고 사슬을 세운다.

상산막둥이가 잡아온 제물

이어서 군웅거리를 한다. 돼지, 닭등 제물을 잡는 연희를 하고나서 사슬을 세운다.

<통사슬세우기>

사슬받침 무가 음송

받으소사 받으소사

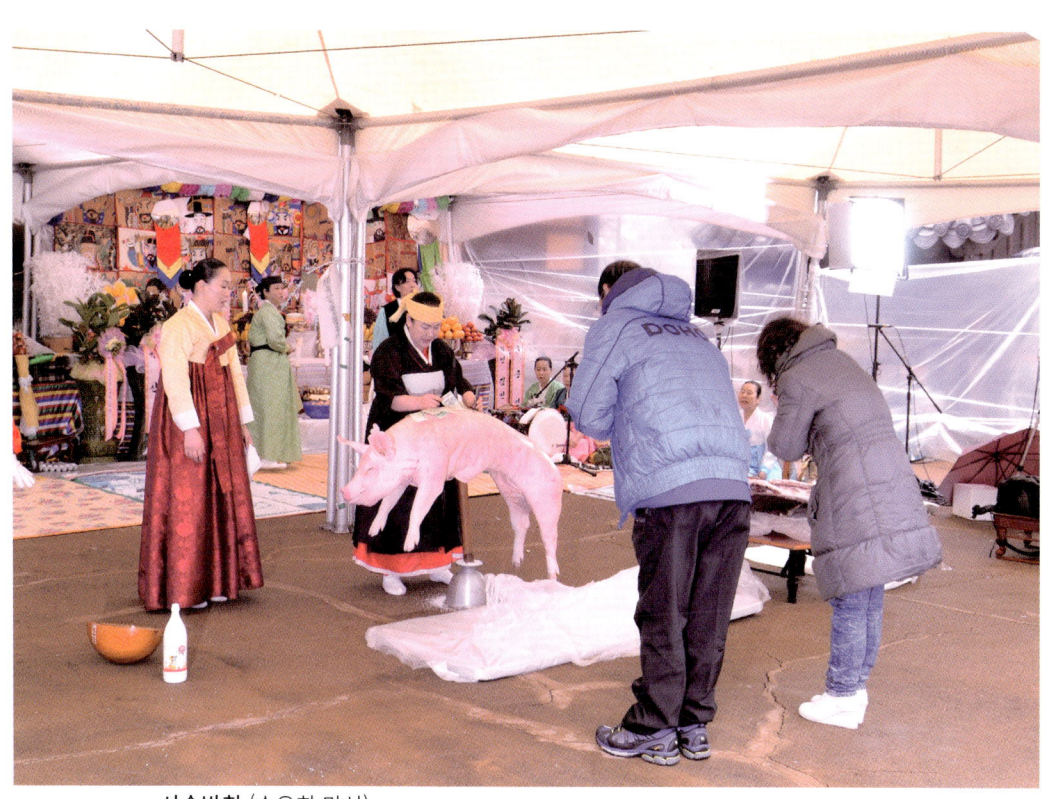

사슬받침 (손유희 만신)

(13) 성수와 부인거리

<사방위춤과 청신의례>

<만수받이>

모여랴오 모여랴오 내마누라 모여랴오
내마누라 모실적에 장군님을 모여랴오
제거리 제성수 모실 적에
천하궁은 삼이삼천 지하궁으로 이십팔소
사바세계 남선부주 해동조선은 이십삼관
경기도루는 사십여전 지정으로는 나랏님지정
궐내전으론 부군님궐내 해원단년은 00년이요
달에 월삭 00달이요 날에 공수 00날이요
동네 면래는 해주시요 일대동 만대동에
대동굿으로 대접할 때 장군님들을 모시려오
신의 제자가 시위서서 물 아래로는 오천병마
물 위로는 삼천병마 십여대편 시위서서
물 아래로는 기둥장사 물 위로는 날던장사
창 끝에 빛내던장군 칼 끝에 노시던 장군
이순신장군님 모실적에 우리나라 이씨장군
저나라 천자장군 강남출신 호겨장군
하늘땅 설법장군 인간생겨 봉립장군
만리타국 사신장군 의주월강 왕래장군
영산사산 본당장군 내어머니에 성수장군
신에 중신 성수장군 상제빈님 몸주장군
팔도명산 도장군 평양모란봉 대선생님
관운장군님 시위설 때 황주본산 우뢰장군
대한칠십리 박장군님 우뢰주뢰 벼락장군
별상장군님 모실 적에
황해도룬 구월산신령 신장군님 하훨받구
강령까치산 병마장군 까치산마누라 하훨받구

성수환 · 대명두

성수거리는 만신들이 모시는 대신, 본성수님과 역대 무당이었다가 추존된 스승급의 신까지 총칭한다. 그런 까닭에 대신거리라고도 한다. 성수는 무당이 처음 신병이 와서 무당으로 입문하는 내림굿에서 수호신적 성격의 성수님으로 자리를 잡게 되고 굿의 신탁과정인 공수(일러주는 말씀)를 통해 계속 성수님으로 활동한다. 대신을 비롯해 차씨할머니, 김씨(김용애)할머니, 박씨(선옥)할머니, 류씨(옥선) 김기백 · 이재만 · 한연수 박수등을 총칭해 삼성수 그리고 문씨, 이씨(남성수) 정씨 할머니까지 12대신이다.

굿당전경

넉바위는 서린장군 가마깨로는 송대장군
육거침은 여장군 대섶으로 어비장군
소섶으로 긴대서낭 해주 수용산 물애기씨
율목장군 하휠받구 해주 결성 대목관이요
용미하곤 금성장군 징산하곤 본주금성
나주금성 하휠받구 서장리 긴대서낭
마진당으로 긴대서낭 순예도로 긴대서낭
용어도로 긴대서낭 삼도당에 하휠받구
내려달아 삼국충신 임장군님 시위설 때
연안복신당 삼대장군 남이장군도 시위서서
어하도로 백마장군 개성 덕물산 최영장군
사해로는 용장군님 제주도룬 한라산의 여장군님 하휠받구
서울한양 남신령님 과천관악산 여신령님
염주보살 신할머니 염주대 여신령님
팔도명산 장군님들 팔도명산에 하휠받구
하휠받아 노실적에 제거리 제성수에 신명 신장군 노십시다
천지일월 도신령님 황금역사 금위신장
팔만하고 제대신장 소구백마 대신장님
육갑신장 곽곽선생 제갈공명 서산대사 무학대사
육환대사며 성진씨들 일월성신에 옥황상제
하늘을 말아 태평잡구 땅을 말아 시주를 잡던
화반같은 토일성수 하회동반 노실 적에
천이나 넘는 성수님 만이나 넘는 허궁씨들
구여비는 구대천문 새여비 새성수 연여비 여대신들
삼대출신 내마누라 열두대신 하휠받아
열일곱은 도성수며 아홉 명두는 팔성수
천지나신명 만신령님 제거리 제성수 노실 적에
작두나신령도 안암받아
뙤나라 뙤성수님 왜나라 왜장군님 호국장군 노실 적에
우마나 군령 삼토신령 후토부인 시위설 때
열두 액맥이 풀어줘요

부인거리

부인님, 일월부인, 옥황부인, 매화부인, 이씨(공주)부인 등 여성이 신격화된 경우이다. 대동굿에서는 성수거리에 이어 한거리로 합설되어 연희되는데 진작굿이나 철물이굿등 단골판이 있는 곳에서는 다양한 오락적 요소들이 가미되어 특히 여성들에게 인기가 좋다. 풍부한 볼거리를 제공하고 소리와 춤, 공수덕담이 흐드러지게 펼쳐지므로 예술적 흥취가 물씬 풍긴다.

장군님들이 노실 적에 일대동 만대동에 물 맑혀줘요
신에 제자들 원망 없이 만구나 신청에 물 맑혀줘요

<높은공수>

장군님들 다 제 거리 제 성수 노실 적에, 일대동 만대동에 가가호소 남녀자손 아들딸에 하나같이 살펴주고 산천비밀 앵겨주고 산천바람 재워서 열두 도액 막아줘서, 산에 가면 산신 덕에 물에 가면 용신 덕에 만소원 이루어질 때, 일대동 만대동에 물 맑히고 장군님 원망 없고 신에 제자들 자취 없이 도와줘요아-

<춤>

<설설이 공수>

네허냐 먼산장군님 사신장군님 열세 영산 본산장군님,
네허냐 제거리 제성수 노실 적에, 네허냐 우마군령 삼토신령 후토부인 시위서서 제거리 제성수 노실 적에, 산천비밀 앵겨 달라 장군벌액을 젲혀 달라 대령이야, 일대동 만대동에 물 맑혀 달라 대령이야 남녀자손 아들딸에, 각성각문에 성 다른 가중에 본 다른 가중에 하나같이 살펴 달라 대령이야, 우리장군님 잘 놀구나서 일대동 만대동에 물 맑혀준다구 여쭈워라.

장수마누라 · 장수별상
 역시 장군신으로 붉은 전립을 쓰고 노래와 춤은 물론 검무까지 선보이며 영험한 신력을 뽐내며 공수덕담을 내린다. 마누라는 마마의 속어로써 상산.대감.장수 및 본성수님까지 성별 관계없이 내마누라라고 부른다.

(14) 토인성수굿

<사방위춤>

<만수받이>

모십시다 모십시다 토일성수님 모십시다
토일성수님을 모실 적에 우의정이면 좌의정인데 삼정승에 육판서라
원로대신들 하회를 받아 천지신명을 모십니다
천이나 넘는 성수님들 만이나 넘는 허궁씨들
구어비로는 구성수님 새 어비로는 새성수님
삼대 출신은 내 마누라 열두 대신이 화회를 받아
말 잘하시는 호별씨들 글 잘 쓰시는 문장네들
총 잘 쓰시던 장총장군 칼 잘 쓰시던 조자룡장군
창 잘 쓰시던 황충장군
천지신명을 모시자고 신의 제자가 시위를 서서
열두 대신이 화회를 받아
아홉 명두는 발성수요 천지신명을 모실 적에
제거리 제성수 모실 적에 신령님들 하휠받아
문씨 아버지 내 아버지 허씨 아버지 내 아버지
최씨 아버지 내 아버지 이씨 아버지 내 아버지
내 어머니들 시위설 때
김씨 엄마도 내 어머니 차씨 할머니 내 할머니
유씨 할머니 내 할머니 박씨 어머니도 내 어머니
김씨 엄마 내 어머니 홍씨 할머니 내 할머니
최씨 할머니 내 할머니
허궁대신들 하휠받고 외엄대신들 하휠받아
천지신명들 모실 적에 만성수님 하휠받아
아홉 명두는 팔성수요 삼대 출신 내 마누라
신령님들이 노십시다

<춤>

1. 토인(土人)성수란?

토인은 조선의 지방관아의 잡무를 담당하는 말단 관리로써 육방에는 속하지 않고, 해서 관서 지방에 있던 특수한 직업관리로 보여진다. 관청일에 어두운 일반 백성에겐 호불호를 떠나 불가분의 관계를 맺고 있어 권한을 이용해 수탈 등의 폐해를 입히기도 했는데 이후 토인을 추존하여 놀아드리는 굿거리가 생겨난 것으로 보인다. 지방향토 수호신으로 일반 굿에서는 검은 빗갓에 도포를 입고 출현해 삼현춤과 가사창을 부르는 등 잠시 놀지만 대동굿. 진작굿 등 큰굿에서는 따로 거리를 잡아 성수상을 거나하게 차리고 권주가와 서도창 등을 부르며 거드렁거리며 노는 게 특징이다.

<시조, 창, 권주가와 춤>
잔 받고 축원 덕담을 하며 갖은 노래, 춤을 곁들이며 논다.

<소리>

난봉가, 사설난봉가, 긴난봉가, 병신가 등을 부르며 흥겹게 제자와 함께 어울려 춤추며 논다.
진작굿에서는 마지막 날 끝머리에 갖은 안주 등을 차리고 놀며 성수의 은덕으로 굿이 잘 마쳐 졌음을 감사하고 굿에 참여한 단골, 제자들에게 축원 덕담을 한다. 무계의 전통에 따라 모시지 않는 패들도 있다.

삼현춤과 부채 등 무악극

 삼현춤은 각 성수님이나 토인성수가 추는 춤으로 현재의 한량무에서 그 잔재를 찾을 수 있다. 현존하는 민속무용 중 살풀이춤과 함께 굿에서 유래된 것으로 무당춤의 한 종류. 부채도 등장하고 악기나 담뱃대 등 여러가지 무속구들이 사용되며 조선후기 양반사회의 춤과 노래 연희 등 오락적 여러가지 풍속을 엿볼 수 있다.

상차림
안주가 잘 차려진 토인성수상

서도소리와 권주가
무격의 재능에 따라 서도창 뿐아니라 경기소리, 정가 등이 불려지고 마을사람, 제관, 추진위원장, 소염 등을 하나하나 불러들여 잔을 주며 권주가까지 곁들이는 세속성이 강한 굿거리다.

(15) 도산・말명굿(방아찧기 놀음)

<사방위를 돌며 청신한다.>

<잦은만수받이>

해원단년 / 00년에 / 달에 월삭 00달이요 / 날에 공수 / 00날이요 도산말명에 놀러나와요 / 노십시다 / 천하에도 말명 / 지하에도 말명 / 우리나라 / 이씨 말명 / 저나라에 / 천자 말명 / 강남 출신 / 호구 말명 하늘땅에 / 설법 말명 / 인간 생겨 / 복립 말명 / 의주나월강 / 왕래 말명 / 영산사산 / 본향 말명 / 익은 음식 / 화기 걸던 말명 / 숨어 보던 말명 / 엿보던 말명 / 청색무색에 / 보리 비단 / 십이단에 / 일광단에 / 월광단에/ 눈걸어 보던 말명 / 성수 말명 / 도산 말명 / 부귀나 할머니 / 명두나 말명 / 하훨받아 / 말명씨들이 / 도산말명이 / 놀고나 날 때 / 이질곱질/ 주던 말명 / 배앓이 안질 / 주던 말명/ 깃없는 저고리 / 말 없는 치마 / 받으시구 / 지신 집 큰애기 / 살량집 며느리 / 봉산네 오래비 / 놀구나 나요

<춤>

<방아찧기 놀음>

무당 : 네허냐 여보쇼들, 난 외기이던 도산에 바람타는 도산에 구름타는 도산에 생겨 주던 도산에 병마주던 도산에   이질곱질 배앓이 안질주든 도산말명일세. 여보, 이녁들 뭘하나?
장고 : 네, 도산말명 노시라구 굿합니다.
무당 : 일대동 만대동에 각성각문 남녀자손들 하나같이 살펴달라는 정성이요?
장고 : 네
무당 : 도산말명이 잘 놀구날 때 우환질병들 걷어달라면 피놀음 잔놀음 다 걷어주지.
장고 : 그러믄요. 잘놀구 도와주셔요.
무당 : 잘 놀구 잘 도와 달라구? 제기럴껏. 이만못한 굿에두 오래떡이 서말이

도산할머니의 풍요놀음
 무당의 일인삼역에 장고산이가 대사를 받아 주면서 재담을 주고 받는 일종의 일인극이다. 도산할머니로 분장한 무당은 방아를 찧을 지신집 큰애기 살량집며느리, 봉산네오라비 등을 번갈아 불러들여 연극적인 대사를 주고 받으며 풍자적으로 이야기를 끌고간다. 패설과 농담이 흐드러지고 농사일이 뒤죽박죽 얽히는 것 같으나 결국은 인간의 행복한 삶을 추구하고 부귀다남(부귀타령)과 농사풍년(방아타령)을 노래하며 서도민요(난봉가, 병신난봉가) 등 흥겨운 노래를 곁들인다. 그리고 대동굿에 참여한 사람 모두에게 복쌀 명쌀을 한 사발씩 나눠준다.

라는데 감흥당을 둘러보구 칠성당을 살펴보니 받을 것이 전혀 없구먼. 그러 거나 저러거나 일대동에 정성이라니 감흥당이나 들러가 보세.

<춤을 추면서 자루나 바구니에 여러가지 물건을 훔쳐 담는다.>

장고 : 감흥당은 왜 갔었나?
무당 : 감흥당에 나 볼일 보러 갔었지.
장고 : 무슨 볼일 보러 갔었나?
무당 : 감흥당님이 잘 받으셨나 보러 갔었지. 일대동 만대동에 남녀자손에 명도 주고 복두 주겠나 보러 갔었지.
장고 : 애기씨당엔 왜 갔었나?
무당 : 남녀자손들 아들딸에 중매 서러 갔었지.
장고 : 조상당엔 왜 갔었나?
무당 : 만조상님이 잘 받으셨나 갔었지. 나 볼일 보러 다녔지.
장고 : 도적질하러 간 건 아닌가?
무당 : 여보, 그런 소리 말우. 도둑질한 일은 없어두 안 한 일은 없네. 그러거나 저러거나 이녁들은 일년에 굿을 몇 번이나 다녔나?
장고 : 삼백예순 번 다녔지.
무당 : 아유 힘들어서 어떻게 그렇게 많이 다니나, 나는 일년에 딱한번 대동굿만 다니지. 여보 이녁들은 서방이 몇인가?
장고 : 서방은 하나지 몇 개씩이나 되나? 도산할머니는 서방이 몇이나 되누?
무당 : 담안으루 하나 담밖으루 가뜩, 아흔아홉 서방일세.
장고 : 그많은 서방을 뭘해서 벌어먹이나?
무당 : 여보 그런 소리 말우, 하나두 버릴게 없네. 씨루발이는 씰어들이구 몽당발이는몰아들이구 안질뱅이는 안아들이구 쌀장사는 쌀대주구 순경에 서방은 굿간데 지켜주지, 하나도 버릴것이 없네. 아흔아홉에서 백을 채울려구 나 시집간다네. 나 시집갈 때 이녁들두 올텐가?
장고 : 가지. 언젠데?
무당 : 윤동짓달 초하룻날 시는 발딱시에 가네.
장고 : 어디로 가는데?
무당 : 오리 겔겔하는데, 당한이 빽빽하는데, 들깨 백석하는데, 어깨 너머 등

물건 훔치기

골.
장고 : 하늘루 문난 집으루 가누만. 뭘 타고 가는가?
무당 : 달기 잔등 타고 가지.
장고 : 가마채는 누가 잡구?
무당 : 조막손이가 잡지.
장고 : 후봉은?
무당 : 매뚜기가 서지
장고 : 그러거나 저러거나, 도산할머니 시집갈 때 실알이는 뭘 해갖구 가나?
무당 : 깃 없는 저고리 말없는 치마 등터진 버선에 서말뚝 동곳에 수신잎 댕기 그런 것 다해 가지구 가지 뭐.
장고 : 사당차림은 뭘 해갖구 가나
무당 : 말똥 부침개 소똥 꽃감 소오줌 청주에 지랭이 갈비에 모기 뒷다리 그런 것 다해 가지구 가지. 그러나 저러나 도둑질을 했다니 이왕 나온 김에 누명이나 벗구 가야겠네. 부귀야 덩덩 잘 살라구 명이나 주구 복이나 주구 가야겠네.

<부귀타령>

받는 소리 : 부귀 부귀 부귀덩덩 부귀야 덩덩 잘 살아라
　　　　　　부귀 부귀 부귀덩덩
메기는 소리 : 없는 자손 돌려 주고 있는 자손 생겨갈 때
　　　　　　아들딸 낳고 잘 살아라
　　　　　　아들을 나면 효자 낳구 딸을 나면 열녀를 낳아요
　　　　　　나라에다간 충신되고 부모에다간 효자되어 우환질병두 걷어주자
　　　　　　피놀음 잔놀음 걷어주자
　　　　　　바람광풍도 막아주구 남녀자손 아들딸 낳구 잘 살아라
　　　　　　이번 정성을 받으시구 일대동에 물 맑혀줘요
무당 : 이만하면 누명을 벗었으니 잘 받구 잘 놀구 가네.

<춤>

장고 : 아이구, 열두폭치말 싹싹 여미며 오는 걸 보니 틀렸군 틀렸어.

봉산네오라비
2012 화도진 내사마당 발표공연

무당 : 아니 사람을 보자마자 흉부터 보긴, 일은 시켜 보지두 않구서. 하루에 보리방아 생피방아를 닷섬씩이나 찧는 낸데.
장고 : 그럼 방아를 찧어보우

<방아타령>

받는 소리 : 에 어리두 방아야
메기는 소리 : 지신집 큰애기 살량집 며누리 봉산네 오라버니
        천리두 봉창 만리두 봉창 명방아 복방아
        숫갈몽댕이두 못닦는 게 이빨닦기가 제격이구나
        고추모 하나두 못뽑는 게 눈썹뽑기는 제격이라
        에미눈썹을 여덟팔자로 지어보자
        연지 닷되는 뒷집 김도령이 대고, 분 닷되는 앞집 이도령이 댄다
        연지 닷되, 분 닷되가 하루아침에 다 모자라네
        앞으로 봐도 천하일색 뒤로 봐도 천하일색
        물찬제비 같고 씻은 팥알 같고 깎은 밤톨 같고 쪽진 양푼 같고
        거울 아홉을 놓고 보니 구경이 되는구나
        수수밭 도지는 내물어 줄게 동짓달이 되도록 베지 마라
        원두막 도지도 내물어 줄게 구시월이 되도록 헐지만 말아라
        저녁을 먹고 썩나서니 겨문은 손으로 날 오라하네
        할아비 산소를 까투리봉에 썼는지 살살 기어서 날 따라 오라네
        내 배는 나룻밴지 이놈도 올라타고 저놈도 올라탄다

<지신집 큰애기 춤>

장고 : 방아를 찌러 오랬더니 몸단장 분단장만 하구 서방타령만 해서 못쓰겠다. 어서 가서 올캐 보내라.
무당 : 우리 올캐는 천하잡년인데, 서방질만 개밥먹듯 하는 걸요.
장고 : 저것봐 시누년들은 올캐흉만 본다니까.

<살량집 큰애기 춤>

방아찧기 (재담 / 박인겸 남무)

무당 : 날 방아 찧러 오랬다문요?
장고 : 어디서 잤길래 저렇게 북대기 쑤세미가 되었을까?
무당 : 앞집 깍지광에서 조섶포대기 볏집이불에 이도령에 팔을 베고 자다가 방아 찧으러 오라 해서 깨어보니 해가 중턱에 떠있던 걸. 이녁들은 그럼 어디서 자나? (몸을 긁적거린다)
장고 : 일공단 이불에 월공단 요대기에 원앙금침을 베고 자지. 에이, 빨래는 일년에 몇 번이나 해 입기에 저렇게 긁적거리나?
무당 : 이녁들은 일년에 빨래를 몇 번이나 하길래 그러나?
장고 : 매일 해 입지.
무당 : 매일 해 입으면 방정맞아서 어떡허나? 난 똥깍지가 닳아지면 닳아졌지 빨래는 안해 입네. 에이, 어디 치사스러워서 방아를 찧겠나.
장고 : 어서 깨끗하게 빨아 입고 와서 일대동 만대동 각성각문에 방아를 찧어요

<춤>

<방아타령>

어 어리두 방아야
발이 육발이라두 서울 한번 못 갔네
주둥이 삐죽해도 제 할말도 못 하네
먹통을 한짐 안았어두 제 이름두 못 쓰겠네
궁둥이 펀펀해두 보리닷말두 못 넣네
목을 줄매서 서울시장엘 팔러가니 허사라구 안사네
이놈 네놈일랑은 다닥딱딱 다 죽어라
이구석 저구석 좀 쓰는 것두 다잡아 죽이자

장고 : 못쓰겠어, 방아를 찧으러 오랬더니 이만 잡아먹구 방아는 하나도 안 찧으니, 잃은 도끼나 얻은 도끼나 다 똑같으니, 어서 가서 봉산네 오라버니나 보내.
무당 : 아유, 그게 뭘 한다구요. 눈은 멀어 머룩머룩한 게 뭘 안다구 그래요? 내가 제일이지

명복쌀 주기 (박인겸 남무)

장고 : 그래두 오라버니만은 못해. 오라버니 어서 보내.
무당 : 그럼 오라버니 오시라구 하라구요? 장님, 장님!
장고 : 세상에 오라비보구 장님이 뭐야. 오라버니 일대동 만대동에 방아찌러 오셔 그래야지, 그게 무슨 버릇이야
무당 : 장님 보구 장님이라구 하지 뭐라구 하나, 다시 잘 찾아보라구요? 다시 찾아볼께요. 맹인, 맹인!
장고 ; 맹인이 뭔가? 저렇게 못돼처먹었으니, 그러지 말구 다시 찾아봐
무당 : 그럼 다시 찾아볼께요. 오라버님 일대동 만대동에 방아 찌러 오시래요. (일인이역으로 문을 꿈벅거리며) 어, 어 누이가 왔나? 어쩐지 아침에 까치가 깍깍 울더니 누이가 올려구 그랬구먼
장고 : 일대동 만대동에 각성각문에 명복방아를 찌러 오시래요.
무당 : 아, 그러면 그렇지. 지깐것들이 뭘 찧는다구 가서 까불딱거리나. 찌둥아 걸음 걷는 덴 뭐가 날개냐?
장고 : 활개가 날개죠.
무당 : 밥먹는 덴 뭐가 날갠고?
장고 : 반찬이 날개지.
무당 : 일하는 덴 뭐가 날개냐?
장고 : 소리가 날개죠.
무당 : 그럼 하던 일을 소리나 해가면서 마저 해 놓자

<병신난봉가>

노잔다 때려라 젊어서 놀아
늙고 병들면 나는 못노리라
새끼나 백발은 쓸 곳이 있지만
인간에 백발은 쓸 곳이 없구나
산천초목은 나날이 젊어만 가고
이내 청춘은 늙어만 간다

무당 : 방아터를 둘러 보세. 너비두 삼십리 길이두 삼십리 사방 육십리 이제 그만하면 남의 땅으로 안다녀두 되겠네

주문을 하며 눈을 뜬다.

<방아타령>

어 어리두 방아야
봉산네오라버니 천리두봉창 만리두봉창
명방아면 복방아요 산골방아는 물방아
들방아는 돌방아요 경기도 방아는 풍풍방아
일대동 만대동 명방아로다 각성각문에 복방아로다
오다가다 가닥나무 노가지나무는 향나무
속이 비어 오동나무 십리절반에 오리나무
낮에 봐두 밤나무 두루떴다 미루나무
가시 찔렀다 엄나무 열아홉에 수무나무
서른아홉에 사시나무
이나무 저나무 다 젖혀 놓구
벼락맞은 대추나무가 제격이다
일대동 만대동 복방아 명방아로다

무당 : 일대동 만대동에 명복방아를 찧었으니 눈이나 한번 떠 봐야겠다. (눈을 껌뻑거리며), "장구산은 명산이요, 갤갤산은 복산이니..." 수용산부터 더듬어봐요(장고) 하며 으, 으, 으, 으, 떴다. 눈을 뜨고 보니 세상이 대낮 같구 일월이 명랑하구 개미가 살살 기어가는 것까지 다 뵈는구나. 자 나는 돌아가네

지신집 큰애기 봉산네 오래비의 해학극
박선옥 / 박인겸과 공연 자료사진 (1988년)

(16) 타살감흥굿(익은 타살 군웅)

<사방위를 한바퀴 돌며 신을 모셔들인다.>

<만수받이>

모여랴오 모여랴오 타살감흥님 모여랴오
타살감흥님 오실 때 감흥마누라 놀러오시오
사바세계 남선부주 해동조선 이십삼관
경기도는 사십여전 지정은 나랏님 지정
골내전은 부군님골내 해원단년 00년이요
달에월삭은 00달이요 날에공수는 00날이요
일대동 만대동에 상소염 중소염 하소염 각성각문에 대접이요
타살감흥님 오시는길에 매화철쭉 만발한데
적토마가 제격이요 무슨옷이 제격이냐
혼술없는 곤룡포요 깃이 없는 활옷이라
유자씨를 받아다가 담 밑에다 심어 놓아
사흘만에 알이 트고 칠일 만에 싹이 나서
잎은 피어 청청하구 꽃은 피어 만발한데
잎은 뜯어 입에 물고 꽃은 꺾어 갓에 꽂아
들고 보니 통영갓이요 쓰고 보니 호수갓이라
비오는 날은 우산 속에 해나는 날은 양산 속에
천리용마 휘여타구 만리용마 내려타구
비수창검 내려짚구 감흥당으로 숙여들 때
돋아오시는 일만국에 져가시는 화산국이요
사두육성은 태백성이요 오른반은 열두반이요
내린반도 열두반이요 수물네반 배설할 때
서른세골에 설법이요 쉬흔세골에 복립이라
타살감흥님 오실 적에 타살감흥님 받읍시다
천하감흥 지하감흥 옥황감흥 신선감흥
우리나라 이씨감흥 저나라 천자감흥
강남 출신 호구감흥 하늘땅 설법감흥

타살상 차림

인간 생겨 복립감흥 만리타국 사신감흥
본당장군에 장군님감흥 대탁감흥은 용마감흥
타살감흥 사신감흥 호구나감흥은 쾌자감흥
먼조상으로 영실감흥 신조상으로 사줄감흥
자외당으론 성수야감흥 근탁하시는 감흥씨들
대탁하시던 감흥씨들 소를 잡아서 대탁감흥
말을 잡아 용마감흥 돼지를 잡아서 지옥감흥
개를 잡아서 사신감흥 닭을 잡아 앵겨감흥
꿩잡아서 호구감흥 떡을 빚던 선녀감흥
술을 빚던 주감흥 천닷섬에다 떡을 빚구
일백말에다 술을 빚어 열두병주를 눌러뜨고
아홉병주를 솟아뜰 때 감흥병주는 돌병주요
감흥시루는 대시문데 한말 한되는 하시루요
명조라 복조라 받으시고 익은 타살로 받으실 때
익은 고기는 천여근이요 생고기는 만여근이요
안고 놀던 감흥씨들 지고 놀던 감흥씨들
만감흥이 받으신 후에 만군웅이 받아낼 때
두말두되는 중시루요 서말서되는 대시룬데
시루찬공미를 받으실 때 장군님에게 조공이요
팔도명산 신령님 대접이요 만조공으로 받으실 때
물함대덕을 걸려다가 앞남산에다 요를주구
뒷동산에다 깃을 줘서 여닷 되면 기닷 된데
뼈로 맞쳐 기름주고 티끌마다 물을 줄 때
용춘같이 길러다가 백근이 준준하여
대마당에다 피를 질 때 단칼에다 멱을 질러
두칼에다 숨을 지워 일대동 만대동에
각성각문에 남녀자손에 아들딸에
대수대명 보낼적에 만군웅이 받아내어
애지던군웅에 숨지던군웅 피지던군웅
본산군웅에 상산군웅 도당군웅에 본향군웅
팔도명산에 장군님군웅 안아내던 군웅에 업어내던군웅

군웅 칼 돌리기

군웅칼물기
타살감흥의 위엄을 자랑한다.

성명삼자 불러내던군웅 일대동 도당군웅
거리노중에 직사군웅 마당전으로 벼락군웅
문간사신에 수문장군웅 만조상에 사절군웅
신조상에 영실군웅 신의 제자들 성수군웅
사해로는 용신군웅 남군웅에 여군웅
익은선지 열두동이야 생선지 열두동에
안고놀던 군웅씨들 지고놀던 군웅씨들
만군웅이 받아내구 일대동에 물맑혀줘요

<높은 공수>

일대동 만대동에 구람돼지로 걸려다가 장군님전 조공이요 팔도명산 대접일 때 만조공으로 잘받으시구 일대동 만대동에 물맑혀주오

<춤>

제신령들을 위한 대접과 갖가지 검무를 한 뒤 각을 뜬 고기를 이고 지고 논다

삼지창놀음

<사슬 세우기>

삼지창에 각뜬 고기와 머리를 얹고 사슬 세우는 무가를 음송한다

<사슬받침>

받으소사 받으소사 명사슬을 받으소사
받으소사 받으소사 구람돼지로 받으소사
구람돼지루 받으실 때 명산장군님 받으시오
사산장군님 받으소서 열세영산에 본당장군 명사슬을 받으시오
복사슬을 받으실 때 명산신령님 받으시오
인천항구 내려다가 문학산신령님 배꼽산신령님 받으세요
도당할아버지 받으세요 상도당 받으소사
상도당 받으실 때 타살감흥님 받으시오
안반사슬로 받으소사 안반사슬로 받으시오
생사슬로 받으시오 옥문지옥에 온타살이요 통사슬로 받으시오
일대동 만대동에 가가호소 남녀자손에 대수대명으루 받으소사
각성각문에 대수대명 남녀자손에 인신대명
만대동에 수대명 신에나 제자들
대수대명 인신대명을 받으소사

<병을 받쳐 병사슬、각종 떡 시루를 꽂아 시루사슬>

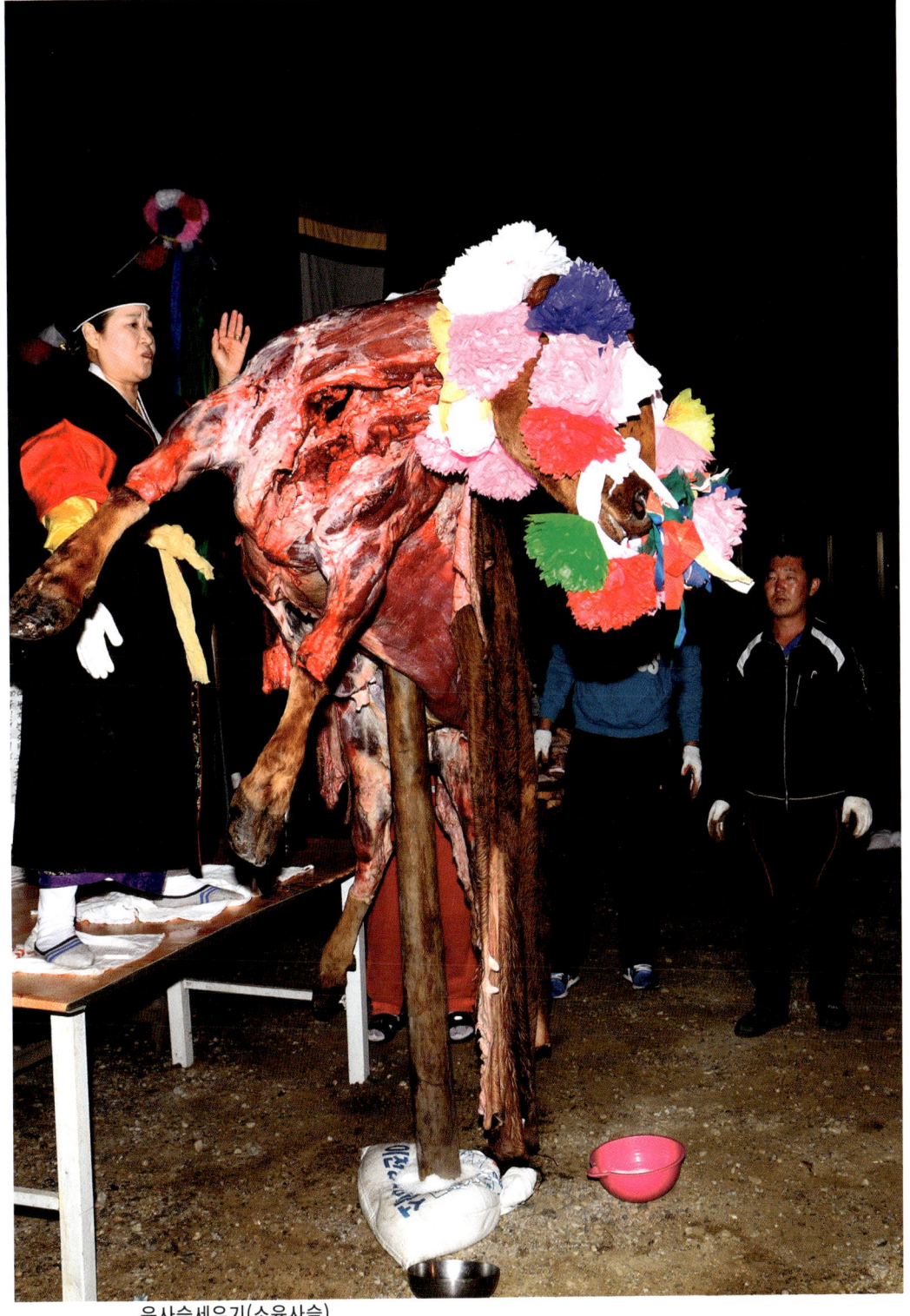
육사슬세우기(소육사슬)

이고지고 놀기/장수대감
각 떠놓은 제물을 가지고 타살감흥(익은타살군웅거리)을 놀 때는 모든 육고기를 이고, 지고 걸지게 논다. 특히 호산량이 붙은 경우는 개의 껍질을 쓰고 노는 경우도 있는데 통소를 잡을 때는 소의 껍질을 쓰고 소타살놀이를 한다.

닭사슬 (수살을 위한 사슬)
수살과 서낭님에게만 세우는 사슬.

병사슬
대동굿에서는 조라술을 빚기 때문에 한그릇 따로 가져와 삼층으로 병사슬을 세운다.

(17) 먼산장군굿

<사방위를 한바퀴 돌며 신을 모셔들이고 생조기와 누런삼베를 들고 시작한다.>

<만수받이>

천하궁으로 삼이삼천 지하궁으론 이십팔소
사바세계 남선부주 해동조선 이십삼관
경기도 사십여전 지정은 나랏님지정
골내전은 부군님골내 해원단년 00년이요
달에 월삭 00달이요 날에 공수는 00날이요
일대동 만대동에 정성으로 먼산장군님 모시려오
먼산장군님 사산장군님 열세영산 본당장군님
장비장군님 유비장군님 개성 덕물산에 최일장군
연평바다 임장군님 어하도루 백마장군님
서울한양장군님 안산밧산하구 안씨부인
왕실로는 나라왕실 당으로는 열두총각
열두애기 시위서서 팔도명산 명산장군
강화론 마니산 단군할아버지 별상장군님
말 잘하시던 호별씨 글잘쓰시던 문장씨
활 잘쓰시던 여포씨 칼잘쓰시던 조자룡씨
창잘쓰시던 황충장군
일대동 만대동에 정성으로 먼산장군님 잘놀고나서
유덕선 배옥선관 바람광풍 젖혀줘요
고기떼미 닿을줘요 만대동에 도장원줘요

<높은 공수>

네오냐 먼산장군님 사산장군님 이고랑산 도당장군님 잘 놀구선 일대동에 물 맑혀줘요

<춤>

먼산장군이란?

　먼산장군은 바닷가 마을에서 주로 모시는 신격이다. 바다에서 볼때 멀리 육지의 사정을 바라보는 시각으로 먼산장군으로 호칭한다. 내륙지방의 대동굿에서는 간단히 놀린다. 그러나 해안 대동굿에서는 아주 걸지고 흥청거리며 노는 것이 특색이다.

2. 복색의 변화
해안형 대동굿이 아닌경우 장군 복색을 잠시 입고 놀며 갑옷에 전립과 쾌자를 두른 장군 복색으로 장군님을 놀린다. 이순신장군 또는 금성장군을 뜻하기도 한다.

(18) 대감굿 놀이

<사방위를 향해 청신한다.>

<만수받이>

모시랴오 모시랴오 대감님들 모시랴오
해원단년 00년에 달에 월삭 00본명
날에 공수 00날에 00동 일대동에
대감님들이 노실 적에 하늘이 아시는 대영천에
인간이 아시는 신사발원 땅이 아시는 설법이라
꽃이 피어 꽃놀이며 잎이 돌아 잎놀이라
화전놀이로 받으실 때 욕심 많은 대감님들
탐심많은 대감님들 우쭐거리든 대감님들 짓궂으시던 대감님들
벼슬대감은 재물대감 보물대감님들 하횔받아
홍패를 들렀던 백패대감 백패둘러 홍패대감
나졸대감은 진둥대감 업대감님 하횔받아
만조상 지장대감 여러대주대감 몸주야대감
신공지주님 직성대감 여러제자들 왕래대감
걸립대감 하횔받아 각국나라 도대감님
높이올라 천신대감 얕이나내려 깨비대감
이터전넓은 터대감님 뒤돌아 술력대감 앞으로 돌아 어사대감
천신깨비면 옥강깨비 김첨지루는 김대감님
돌두나잡아 던져보구 모래두잡아 뿌려보구
우쭐거리시던 대감님들 짓궂으신 대감님들
욕심많으신 대감님들 탐심많으신 대감님들
떡을받아두 대시루며 안주를받아두 대안주라
술을받아두 독술을받던 욕심많으신 대감님들
대감님들이 받으시구 놀려주구두 불려줘요
먹구나남게 생겨줘요 쓰구나남게 도와줘요
가난때를 벳(빗)껴주구 부귀나영천 돋아줘요
재수운수 열어달라 일심정성 대령이요

대감의 종류

　대감은 정2품에서 정1품까지의 벼슬에 붙는 호칭으로 정3품의 영감과 대감위의 상감(왕)으로 분류되는 것으로 감찰하고 다스리는 위치의 벼슬이름으로 굿에서는 능력있는 신격으로 추존되어 모셔진 신이다. 종류는 벼슬대감으로부터 복을 주는 나줄대감에, 진등대감, 궁궐안에서 노신다해서 전안대감(도대감), 높이올라 천신대감, 앝이내려 깨비대감, 뒤로돌아 술력대감, 앞으로 돌아 어사대감, 문간으로 수문장대감, 군웅대감, 신장대감, 각기 몸주대감, 텃대감에 직성대감, 왕래대감, 걸립대감 등 그 수를 헤아릴 수 없이 많다. 이는 조선후기 벼슬아치들의 권위와 세도가 그 어느때보다 강력했을 때 수호신적 성격으로 굿거리에 들어온 듯 하다.

별상대감

벼슬대감

대감님들이 노실적에 춤으루다 연락하구
웃음으로 낙락시커 거들거리고 노십시다
대감님들 다 잘놀구나요 아- 에-

<춤>

<높은 공수>

네허냐, 만구백관 신에 창부야 우리 욕심 많은 대감님 탐심 많은 대감님
네허냐, 우쭐거리시든 대감님 짓궂으시던 대감님들
옛날옛적에 까까머리 아이 적에 애어머니 총각 적에 개울 건너 번동 시절에,
멍석 말아 퉁수불고 번개불에 담배 부치시던 벼슬할아버지 벼슬대감이 아니 더냐,
평양 기생 옆구리에다 끼구 조선팔도 유람하던 대감님들,
생전에두 첨이구 굿신에두 첨이구 눈짓에 꽃본 듯 설상에 나비 본듯 하구나.
어허냐 여보소, 좋기는 하다마는 대감님 받을 게 전연 없구 슬찰게 전연 없구
먹잘 게 전연 없네. 옳거니 소소한 정성 받으시라구 (장고 : 에)
그러나 이번에 다 소소한 정성받구 명장구 거둥소리 춤으로 연락하구 웃음으로 낙락시킬 적에, 옛날옛적에 놀던 거둥이나 우리한번 놀아 보세, 좋다.

<춤> 대감, 삼현장단에 벼슬대감부터 논다.

<대감놀이>

무당 : 허허허허. 여보, 여기 뭘 하나?
장고 : 일대동에 신사 드려요.
무당 : 옳거니 굿한다구, 나는 옛날옛적에 홍패 둘러 백패대감 백패둘러 홍패대감 나졸대감 진둥대감, 진둥대감일세.
장고 : 아이구, 잘 좀 봐주세요.
무당 : 원 세상에, 우리 대감님 둘러보구 살펴보니 욕심 많은 대감님 탐심 많은 대감님이라, 네허냐, 삼색털벙거지 어디다 두구 남대단 전복은 얻다 썼냐.
장고 : 잘 뒤됐어요 줄대령 하께요.

텃대감과 깨비대감 (김휘옥 만신 扮)

무당 : 옳거니, 삼색털벙거지 남대단전복두 삼년에 줄대령한다구?
장고 : 예
무당 : 오냐 초부침 좌부침으루 받으라구?
장고 : 네
무당 : 그렇거나 저렇거나 우리 욕심많은 대감님, 시루를 받아두 대시루요 안주를 받아두
　　　대안주요 술을 받아두 독술받는 내 대감일세.
장고 : 그저 소를 대루 받아주세요
무당 : 오냐, 이번에 소소한정성 태산같이 받구. 내오냐, 일대동에 명도 주구 복도 주고 재수 달라는 정성이고 운수 달라는 정성이니, 우리춤으로 연락하구 웃음으로 낙락시켜 주구, 이맛저맛 볼 적에 뿌연 막걸리 허연 시루찬 공미 굽어 본다구 여쭈어라.

\<춤\> 대감춤을 거드렁거리며 추고 논다.

무당 : 네오냐, 우리대감님 뿌연막걸리며 이것저것 맛보니, 아이잡아 농담하구 어른잡아 희롱하는 것같구
　　　네오냐 시루찬 공미를 보니 차타구 십리는 들어가야 될 것같구
　　　네오냐 상조라 중조라거든 보재기는 속곳 거리로 만들었는지, 코리티티한 냄새가 나는구나
장고 : 소례를 대례로 받으시구 잘 도와주세요
무당 : 옳거니 소리를 대리로 받으라구?
장고 : 예
무당 : 심청은 떠다가 건거리에다 놓구 쩌먹나,
　　　 우리 욕심 많은 대감님 탐심 많은 대감님 우쭐거리던 대감님 짓궂으신 대감님이,
　　　돌도 잡아 던져 보구 모래두 잡아 뿌려보구
　　　천도도섭에 만주승하주시던 내대감일세,
　　　그러나 안사두암 많이 두고 장래를
　　　길게 보구 소소한 정성 태산같이 받구
　　　우리 갖은 재물이나 벌어다주세 불려주세.

힘쎈 장수대감 / 장수마누라

<천량타령>

(받는사람 소리는 "쑹거야")
받는 소리 : 어, 어리두 쑹거야
메기는 소리 : 어, 어리두 천량이야
        끝없는 천량을 후려라
        욕심 많으신 내대감 탐심 많으신 내대감
        우리 대감님 거둥봐라
        떡을 받아도 대시루에
        술을 받아도 독술을 받던 내대감
        우리나 대감이 놀구나서
        가는 천량두 낚아 들이고 오는 천량두 휘어들여
        강건너 산건너 넘은 천량
        유덕선으로 다 낚아 들여라
        서울 한양에 노는 천량
        열차화차루 다 쓸어 들여라
        은행문을 드들썩 열어 놓아라
        물 아래 천량 낚아 주고 물위에 철량두 휘어 들여라
        동서남북에 널린 천량
        00동 일대동으로 다 낚아 들여라
무당 : 여보소 이만하면 너구리발 넉넉하구 깻잎이 청청하니 대감님 놀구나 난다구 여쭙서

<춤>

무당 : 허오냐 대감님 잘받구 잘놀구
장고 : 네
무당 : 허오냐 없는 건 많구 있는 건 적으나 소소한 정성 받아 노니, 버릇으로 알지 말고 행실로 알지 말고
장고 : 네
무당 : 어허냐 이번엘랑 아들딸에 남녀자손 각성각문에 높은 수를 막아 달라는 대령이니, 대감수로 잘 받구, 나갈 적엔 등보구 들어올 땐 앞을 볼 걸세. 인간에 낙절 없이 도와주니 걱정 말아라. 대감님들 잘 놀구 도와줘요 아-

깨비대감과 구복신앙 (김휘옥 만신扮)

(19) 장군굿(비수창검, 작두굿)

<사방위를 한바퀴 돌며 신을 청해 들인다.>

<만수받이>

모시랴오 모십니다 장군님을 모십니다
장군님들을 모실 적에 내 마누라를 모여라오
내 마누라를 모실 적에 제거리 제성수 모십니다
장군님들을 모실 적에 해원단년은 00년에
달에 월색은 00달에 날에 공수는 00날에
일대동에 만대동에 가가호소 남녀 자손
편안하게 도와달라 장군님들 모십니다
장군님들을 모실려고 내 기자가 시워서서
장군님을 모십니다
먼산장군은 사산장군 열세영산에 본당장군
우리나라는 이씨나장군 저 나라는 천자나장군
강남 출신의 호구장군 하늘땅으로는 설법장군
인간이 생겨 복립장군 만리나 타국에 사신장군
의주월강에 왕래장군 열두 나라 도장군님
물 아래로는 기던 장수 물 위에는 날던 장수
창끝에서 빛내던 장군 칼끝에서 노시던 장군
무등불을 휘둘던 장군 길 위로는 오천 병마
길 아래로는 삼천 군사 십여 대병마가 압량서던
장수장군 하훨받아
내 어머니 성수장군 내 기자의 성수장군
상할머니들 몸장군님 여러 선생들 성수장군
평양 모란봉 관운장군 황주 먼산에 우뢰장군
대한 칠십리 박장군님 우리나라는 벼락장군
벌상장군 하훨받아 황해도 평산은 신장군님
강녕 까치산 병마장군 넉바위로는 설인장군
가막개로는 송대나장군 육거침으로는 여장군님

옷감으로 만든 장군 복색과 투구

장군복색 변천과정

 장군복은 크게 두가지. 정무 외 행차, 가벼운 사냥 등의 경우 입는 가죽으로 지은 홍의에 전립을 쓰는 것과 전장,전투에서 쓰는 가죽과 쇠로 만든 갑옷에 투구를 쓰고 허리에 칼통, 등에 화살통과 활을 든 기마상태로 구별한다.
 현재는 무복으로 구별. 천으로 갑옷을 짓거나 홍철릭에 전립을 쓴 대장군(정3품) 남철릭, 전립의 장군복(종3, 정4, 종4품 등)이 쓰여진다.

대수업으로는 업이야장군 소수업으로는 긴대서낭
나주 금성 하휠받아 금성장군님 받으시고
어화도로는 백마장군 내려달아 상고 충신 임경업장군님 받으실 제
개성 덕물산 최영장군 남해바다로 이순신장군
서해바다로는 박장군님 왜나라는 왜장군님
삼나라로는 삼장군님 중국장군은 호국성수
작두장군 하휠받아 아홉 청배를 무어 놓고
칠성당을 돋우메고 검은 작두를 희게 갈고
흰 작두를 날을 세워 명작두를 눌러 타고
복 작두를 걸릴 적에
일대동이면 만대동에 가가호소에 남녀자손
명작두를 눌러 타고 산천비밀을 눌러 주고
지신바람 눌러줘요
장군님들이 노실 적에 신장님도 하휠받아
천지일월은 도신장님 황금역사는 금위신장
팔만하고는 제대신장 소구백마는 대신장님
금마신장은 냉꽁신장 오방신장님 하휠받고
동방에는 청제신장 남방에는 적제신장
서방에는 백제신장 북방에로는 흑제신장
중앙으로는 황제신장 곽곽신장은 제갈공명
하달천문 지리신장 육갑신장은 둔갑신장
의술신장은 약사신장 율목신장은 질름신장
오방신장님 하휠받아 장군 신명 노십시다

<춤>

허리꺾기, 검무

<흘림공수>

내호야, 장군님들이 아니시랴 신령님들이 아니시랴
우리 장군님이 노시고 신명님들이 노실 적에 황금역사 금위신장 팔만 하고는

먼산장군 놀음

장군춤 (신장놀음)
 장군대검, 중검 등으로 한칼쓰기·쌍칼쓰기·검무 등으로 활달하고 힘차게 추며 기마대신 작두에 오르는 의식을 통해 마상(馬上) 전투의 위용을 과시하고 그런 신의 능력을 통해 사람들에게 평화와 안녕을 지켜주고 홍액을 퇴치하는 수호신장의 역할을 연희한다.

제대신장 금마신장에 냉꽁신장에 질름신장이 아니시랴
장수 마누라 장수 장군님이 아니시랴
에헤, 별상마누라 별상장군님이 잘 받으시고 잘 노시고 들어간다고 여쭈어라

<춤>

에허냐, 장군님들이 아니시랴 내 어머니의 성수장군 내 기자의 성수장군이 아니시랴
길 위에 삼천 병마 길 아래 오천 병마 팔천 병마를 거느리고 말 달리듯 지등 치고 번개불에 담배 붙이고 검 같은 신령님은 범 같은 장군님 아니시랴
욕심 많은 장군님들 탐심 많은 신령님들 아니시랴
우리 장군님이 비수창검에 올라탈 때 검은 작두는 희게 갈고 흰 작두는 날을 세워 쌍작두는 눌러 타고 외날작두 휘어타고 자취 없이 올릴 적에 은쟁반에 받들듯이 놋쟁반에 떠들듯이 표적 없고 자취 없이 올려준다고 여쭈어라

별상 신장 장군 칼놀음

혀   팔   얼굴

팔 다리

얼굴 목

작두얼르기
　본격적으로 작두를 얼르는데 칼은 잘 갈았는지, 얼마나 강렬한 신이 오셨는지 혀도 핥고 팔을 내려찍고 얼굴을 찌르고 다리를 자르듯하고, 목을 올려놓고 베어질 만큼 힘을 준다.

작두거리 오르기 전 놀음
몸주인 성수장군이 옷을 갈아입고 연풍춤과 검무등을 추고 작두에 올라간다.

치마걸립
　치마걸립 또는 작두걸립이라고 하는데 치마폭에 대동 모든사람들이 정성돈을 내어 놓는다. 대동중에 운수사납거나, 병든자, 벼슬길에 나가는 등 특별한 소원이 있는 경우 봉투에

따로 담아 작두타는 모발쌀속에 묻어 소원성취 운수발원을 구복하기도 한다.

<작두타기>

사방위 돌며 절하고 칼춤과 오방기 춤을 추고 신방기 뽑고 공수준다. 이 때 장군주,백미,중국빵을 나누어 주며 공수를 내린다.

<공수>

검은 작두 희게 갈고 흰 작두 검게 갈아 칠성단을 높이 돋워 아층상반 돋우 올려 잡귀 잡신은 물리치고 상문동법 목신동토 잡아내고 모진 액운도 비수창검으로 막아 주신다. 잘 놀고 하마 하신다.

<날만세받이>

에라 만세 / 바람결에 / 궂은 공사 없이 / 오셨던 신령 / 전송하고 / 뒤진 공사 없이 / 잘 도와주시고 / 잘 놀고 가요

작두타기와 춤사위(칼춤.깃발춤.깨끼춤)
 맨발로 작두마상에 올라 사방치기춤.검무.외발떼기춤.오방기춤을 추고 오방기 뽑기와 공수를 내린다. 무당의 재능이나 마을에 따라 쌍작두.외작두.그네작두 등의 작두묘기도 행해진다. 작두상은 예전의 풍습에 따라 마을집에서 가져온 일곱반상과 사각모말. 물항아리 등9개단 상위에 작두를 놓고 타므로 아홉청배라 한다.

복을 주는 의식 (쌀뿌리기. 오방기. 빵. 술)
　대동집 가가호수 개인마다 복을 주는 복쌀주기. 오방기뽑기. 떡과 중국식월병 또는 공갈빵주기. 빼갈. 소주.양주등 복술 명술 주기등을 통해 운수를 길하게 하고 횡액을 막아준다.

신장기 뽑기 / 마상에 오르기 전에도 하고 내려와서 하기도 한다.

호국신앙, 호국장군(작두오르기전 놀음)
　영웅신 충무공, 최영장군, 임장군과 조선을 구하러 온 명나라 장수 이여송의 상징인 중국 장수, 임진란때 들어온 관성제군(관운장)에 호국장군까지 나라를 위한 호국신장을 불러내어 놀아드린다.

고사반(쌀주발돌리기)
 산쌀(점)을 보기 위해 놋주발에 쌀을 가득담아 위아래로 빙빙 돌려 흐트러지지 않고 남은 쌀로 산을 준다.

(20) 광대 탈놀이

<사방위에 절하고 신을 청신한다.>

<만수받이>

모여랴오 모여랴오 광대탈대감 모여랴오
해원단년 신묘년에 달에 월색은 00상달
날에나 천문은 00날이요 고을로는 황해도땅 해주하고도 00동에
일월이영천 대령할 때 광대대감이 노사니다 아-예-
내광대 본영은 광대산 줄바위 광대로다
외줄을 타신 광대씨요 쌍줄을 타시던 광대씨라
남광대 여광대 구어비 남성수 따라 들어
걸립도청에 좌정하시다 불리는 길에 노십니다
못놀았다 하시지 말고 내아버지 하회를 받아
일기나 좌참에 거들거리며 노실 적에
옷을 입고 탈을 쓰고 거들거들 흐능청거려 명살이로 도와줘요
각성각문에 만복을 주고 지나가는 해에
남녀노소 아들딸에 만복을 주고
동서사방 내밟아도 액운없이만 도와줘요
하실 말씀은 많지만은 재비재비 노사니다

<공수 내림>

오호냐, 오늘은 다 광대대감.
외줄타던 광대 쌍줄 타던 광대
구대천문 내아버지 따라들어
광대산 줄바위 본영에 옛날옛적 내림받은 광대씨
심술궂은 광대 짓궂은 광대씨
여광대 남광대 광대대감에 하회를받아
외줄타고 쌍줄타고 구슬베 쌀베 우불림 좌불림하고
다춤으로 열락하고 웃음으로 낙락하고 오는손님 가는손님 지나가는행인
남녀노소 각성각문에 만복을 주고
놀이판에다 탈광대 어릿광대 노십니다 아,헤에

광대굿청배
남광대탈과 여광대탈을 양손에 쥐고 청배무가 만세받이부터 시작한다.

<탈춤>

타령장단에 맞춰 허튼춤, 외사위, 겹사위등 광대춤을 춘다

<탈광대 재담>

춤을 추고 나서 좌중을 향해 서서

무당 : 네, 오냐. 여보!
장고 : 네
무당 : 나는 광대야
장고 : 그렇지 그렇지, 근데 어디서 온 신광대냐?
무당 : (고개를 가로저은 후) 나는 옛날옛적 구대천문에 구어비 남성수 따라 들어 동네전에 방네전에 경사가 있으면 놀이판에도 다니고 달맞이 추석맞이 멋들어지게 놀러가서 남광대 여광대 하회받아 이동네 저동네 각성각문에 일가문전 남녀노소 할것 없이 멋들어지게 놀 적에 나 화산리 광대가 빠지면 모든 것이 안돼. 오늘은 일대동에 만구영천에 열두거리 받는다는데 내가 놀아야지.
장고 : 아문요. 잘 노셔야죠.
무당 : 나는 건립도청에 좌정하고 안정하고 있었는데 우불림 좌불림 받아가지고, 멋들어지게 구슬베 쌀베 외줄 타고 쌍줄도 타고 칠성당을 돌아보며 아홉청배 모두어 놓고 비 수창금 탄 후에, 멋들어지게 춤으로 다 연락하고 웃음으로 낙낙해서 한바탕 외줄 쌍줄 타고 원막 이막 삼막 사막 오막 칠막장에 팔막장에 올리지마는 일막장으로나 조금줄도 타야겠네. 우리 멋들어지게 춤이나 춰보세 얼쑤.

<춤>

무당 : 여보쇼 자네들은 광대춤을 몰라
장고 : 이만하면 잘 추는 거지, 그럼 어떻게 추나?
무당 : 광대춤은 어떻게 추는고 하니, 앞발을 멋지게 통 뻗어 제 코를 툭툭 쳐야 그게 잘 추는 거야. 그러니 덕담은 이따가 넘기고 우리 광대적에 어떻게

광대춤
　전형적인 해서지방 탈놀이와 흡사하다. 남광대의 춤.발림.노래(타령)등과 걸죽한 입담 (재담)으로 진행된다.

추었나 추어볼 테니, 여광대는 좌정했다가 내가 한바탕 춘 다음에 들어와서 멋들어지게 추어보세. 참나무 장작은 화장작 꿍 딱딱 궁따닥

<춤>

무당 : 야, 여광대야. 어디로 갔느냐?
여광대 : 네, 여기있어요.
무당 : 너는 어딜 그렇게 씨질거리며 다니냐. 이리 와서 일대동 마당에 한바탕 놀고, 명도주고 복도 주고 지나가는 사람 깨질세라 다칠세라 우리가 잘 놀아야지. 나만 따라다녀
여광대 : 네
무당 : 선비들이 과거 보러갔다가 낙방도 안되게 철떡같이 다 붙여놓고, 남녀 시집 장가 갈적에 청실홍실 염려말고 동서사방 댕길 적에 가마 뒤끝에 따르지 않는다니, 어―휘 내가 모진 액맥이 쑥맥도 막아줘야지. 여광대 나오너라, 옳지 옳다 너도 나왔느냐? 어서 놀자, 어험험험 이다리냐 저다리냐 술장사에 챗다리냐 나무꾼에 목다리냐 신다리냐 어에햄 햄햄햄. 한바탕 놀아보자 참나무 장작은 화장작 꿍 딱딱 꿍따닥

<춤>

무당 : 여보 외줄도 타고 쌍줄도 타고 건들거려 흐능청거려 명장구로 거둥소리 한바탕 추었으니 우리 그러면 동네전에 방네전에 각성각문에 명주고 만복을 주어야하니……, 돈도 받았으니 놀이값도 해야겠고, 모진흉수나 좀 막아주고 열두도액 막아주고 오는 손님 가는 손님 휘어 들이고 각성각문에 만복이나 주도록 광대덕담으로 잘 넘겨보세

<덕담타령>

참나무 장작은 회장작
내딸이냐 네 딸이냐
나무꾼에 목딸이냐
술장사에 채딸이냐

줄놀음

줄놀음과 줄타기
  누런베나 흰무명베를 바닥에 깔아놓고 줄놀음(어름)을 시작하면 줄잡이가 위로 올렸다 내렸다 뺐다 다시 들이는 식으로 장난스럽게 줄놀음을 한다.

이딸 저딸 다 제쳐놓고
광대딸이 젤이로구나
에따 여보아라
내광대 거동을 보아라
황해도 하구 해주 수양산 내림받고
황해도 옹진군 북면 화산리 광대산에 줄바위 내림받고
내광대씨가 줄을 타고 노실 적에
외줄을 타고 쌍줄을 타고 한바탕 놀고 나서
일대동 만대동 가가호소 남녀노소 편안하게 도와주고
열두 홍액을 막아주자
되에 담았다 도련님
섬에나 담았다 서방님
말에나 담았다 마나님
에따 여보아라
우리광대가 나오셨다
남녀노소 아들 딸 편안하게 도와달라고
시주 공덕이나 받아보자....(중략)

<춤>

<잦은 덕담>

얼씨구 광대야 리리리리리리
이리봐도 광대야 저리봐도 광대야
광대산에 광대로다 우리광대가 제일이니
내광대 거동을 봐라 리리리리리리
여광대 남광대 외줄타시던 광대로다 쌍줄타시던 광대로다
양반앞에 놀던광대 임금님앞에 놀던광대
심술궂은 내광대야 짓궂은 내광대야 우리광대 거동을 봐라
시주와 공덕을 하실적에 어화 양반님네들
한푼돈에 시주를쓰쇼 두푼돈에 시주를쓰쇼
시주와 공덕을 하신 양반 열두도액 막아주고

광대주문과 덕담
 여광대와 팔광대가 탈 또는 꽹과리 등 악기를 들고 시주 걸립을 나갈 때 덕담타령을 불러서 흥을 돋우고 관중의 호응을 이끌어 낸다.

아들을 두면 효자가 되고 딸을 두면 열녀가 된다 리리리리리리
거리거리는 홍액의 길 열두도액 막아내고 평지낙마도 막아내고
입술구설도 막아내고 관재구설도 막아내고 화지극락도 막아낸다
오는 길에는 명을 사고 가는 길에 복을사고
복을 사서 지고가고 명을 사서 이고 간다
입은 덕도 많고많으나 새로새덕을 입혀주고
남녀노소 아들딸에 자손만대에 부귀공명에
만수무강 하옵시다 리리리리리리
짧은명은 이어주고 긴명은 서려담고
있는자손 수명장수에 없는자손 생겨주오 리리리리리리
과거에는 철떡같이 붙어갖고 부디 장원들 하옵소서 리리리리리리리
광대바람에 춤나온다 뚱땅바람에 만복을준다 리리리리리리

<춤>

<덕담>

여보 우리 광대여, 이리 봐도 광대고 저리 봐도 광대고 화산리 광대산 줄바위 본영탈이 제일이지. 외줄 타던 광대 쌍줄 타던 광대 임금 앞에 놀던 광대가 제일인데, 외줄도 타고 쌍줄도 탔으니 그만했으면 먹은 듯하고 놀은 듯하고 쓴 듯도 하겠지. 시주와 공덕에 만건립 노량닷푼 다벌은 듯 신발값도 벌었고 한잔 값도 벌었으니, 십시일반에 고루 나눠먹고 일대동 놀이마당에 우불림 좌불림 광대탈 벗어서, 이고랑산에 액맥이 수맥이 모진 액운 다 태우고 열두 도액 잡신을 풀고 태우겠으니 불을 노세 어허냐 우짜 아—

<춤>

<날만수받이>

옷을 벗어 / 액맥이로 / 탈을 벗어 / 수맥이로 / 광대 덕담에 / 열두 도액 / 물려지고 / 일대동 만대동 / 만복을 주고 / 재수로 줘요 / 나랏 만신 / 김씨 만신에 / 줄타신 광대 / 구대천문에 / 따라들어 / 내림받아 / 신사 끝에 / 한거리 좌창 / 잘 놀았쇠다 / 내놀아나요/

광대짓 (갖가지 발림)
남광대는 탈바가지를 벗고 갖가지 표정을 연출하며 대동을 웃기고 흥겹게 만든다.

광대춤사위 (줄놀음)
　타령 장단에 해서지방 전통탈춤을 추는데 때에 따라 사위가 조금씩 다르며 외사위, 겹사위 등 여러춤을 선보이며 좌중을 즐겁게 한다.

장고 / 현순이　　　　　태평소 / 박덕근　　　　　피리 / 박덕근

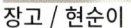

광대악사
　광대악사는 피리 태평소등 2인, 쌍장고와 징, 제금 등으로 구성되어 있다.

여광대놀이 / 김정숙 88년 공연자료

광대탈굿(남광대 / 박선옥, 여광대 / 김정숙)
김정숙 자료 /88년 연희

(21) 조상굿

<사방위를 향해 인사한다.>

<만수받이>

천추로다 넋이로다 무주공천 넋이로다
혼이로다 넋이로다 삼혼혼령 넋이로라
해원단년 00년에 달에 월삭 00달에
날에공수 00날에 일대동 만대동에 정성으로
차례대로 연수대로 만조상님 받아가요
먼저간 구조상 나중가신 신조상님
백학에다 떼가 지구 청학에다 무리져서
허튼머리 집어 얹구 썩은 손목 마주잡구
헌 짚세기를 등에 매구 치마폭 걷어 안구
자디잔돌 실어딛구 굵은돌은 넘겨 딛고
얕은 고개 높이 딛구 높은 고개 얕이 딛구
산을 넘고 물을 건너 활등같이 굽은 길을
화살같이 달려올 때 영실당에 감돌아들어
서낭당에다 말을 매구 태양당에 석을 잡고
대신발에 낫을 갈고 명두공에 화경 삼고
구사당에 하직하구 신사당에 고백하구
조상당에 지접했다 밤을 새고 낮을 새워
나는배상 받아갈 때
먼저가신 구조상님 나중가신 신조상님
사대조상 할아버지 부부일심 받아가요
삼대조상 할아버지 부부일심 받아가요
이대조상 할아버지 부부일심 받아가요
일대조상 할아버지 부부일심 받아가요
부모존존 받아가요 삼사춘들 오륙춘들
칠팔춘들 일가문전 집안진주 받아가요
끌그니 밀그니 사둔의팔촌 외가부리조상

조상상

조상님 옷

조상상차림

대동굿의 조상거리는 마을에 처음 입촌해 첫 조상이 되신 본향님(각 성씨별)으로부터 사대봉사 조상을 위해 드리는 의식이다. 왕생극락과 자손의 기복을 위한 거리로 타불(긴염불)소리에 가사를 붙여 노래한다.

진주부리조상 양단부리 양조상들
활등겉이 굽은 길에 화살같이 달려와서 받아가요
살은 썩어 물벅되구 뼈는썩어 황토되고
황토로다 집을 짓고 칠성단으로 요를 삼구
두견새를 벗을 삼구 동실나무 정자 삼고
산신나무 의지했다
이번정성 받아가요 십전대왕 매인망제
제일전 진광대왕 제이전 초광대왕
제삼전 송제대왕 제사전 오광대왕
제오전 염라대왕 제육전 변성대왕
제칠전 태산대왕 제팔전 평등대왕
제구전 도시대왕 제십전 오도절륜대왕
소대왕은 육대왕에 열두대왕은 넘겨갈 때
재판관에 문서를받고 문간사신 분부받아
열세왕 말미받아 마흔댓자 고비질러
서른댓자 상대필이요 스물댓자면 중대필이요
열댓자면 소대필이요 세자세치 간발채에
한자세치 손푸념에 발광귀 사저검띠로 받아갈 때
가치넘쳐 받으시고 칼산지옥을 넘겨가오
목란지옥을 넘겨가오 화탕지옥 넘겨가오
수라나지옥 넘겨가오 가시성두 넘겨가오
왕생극락을 하시라구 일대동에 정성이요
만대동 대접일 때 만조상들 받아가구
조상당에다 일대동 물을 맑혀줘요

<염불공덕>

나무 나무아미타불 타불이라
먼저 가신 구조상님 나중에 가신 신조상님
밀거니 끌그니 오셨다가 열세왕천을 받아가요
마흔네자면 고비질러 열대자 받아가요
수왕지석에 기를 잡고 지장보살 후봉 서서
부처님전 제자되구 칠공주가 뒤따라
구사당에 하직하구 신사당에 고백했다
열세왕천을 받아가요 이승 떠나 저승갈 때
저승길 멀다 해두 대문밖이 저승이라
북망산천 멀다 해두 앞남산이 북망이라

조상굿노래 타불소리 (긴염불과 잦은 염불)
 염불은 수심가 토리라 해서 평안도·황해도지역의 소리.
대동강물을 마시지 않으면 소리가 나오지 않는다 할만치 음송하기가 쉽지 않다.

(22) 목신서낭굿

<사방위를 한바퀴 돌며 인사한다.>

<만수받이>

모시려오 모시려오 목신서낭님 모시려오
해원단년 00년이요 달에월삭 00달이요
날에공수 00날에 목신서낭을 모십니다
명산대감 상산대감 수살대감 목신대감
호영산대감 사산대감 본향대감 더담대감
수풀대감 벌대감님 술력대감 어사대감
이고랑산 도당대감 목신철령대감
돌두 잡아 던져보구 모래잡아 뿌려보시던 수풀대감 노실 적에
높이 올라 상산이요 얕이 내려 시살부근
목신서낭 하훨받아 상대산 대목신
중대산 대목신 하대산 대목신 팔도명산 도목신
차산국내 대목신 동개골 남지리 서구월 지대목신
앞뒤당산 서낭님네 자리잡던 서낭님
터를잡던 서낭님 골골이두 서낭님
마루마루 서낭님 남경서낭 북경서낭
남서낭은 여서낭님 대산소산 서낭님
대촌소촌 서낭님 양산본양 도서낭님
동경서낭 남경서낭 서경서낭 북경서낭
길아래서낭 길위서낭 밀물서낭 썰물서낭
다릿발서낭 삼사거리 넘던 서낭
본산서낭 상산서낭 도당서낭 소서낭님 육서낭님
불릴서낭 메길서낭 삼서낭님 받으시구
서낭에다 길을 열구 본향에두 문을열어
남녀자손 하나같이 살펴주구 일대동 물맑혀줘요
용왕님두 하회받아 사해로는 용궁서낭
용태부인 물애기씨 용궁태자 용궁마마

용상대감 용궁장군 하회받아 물 맑혀줘요

<흘림공수>
네허냐
이고랑산 본향대감 아니시냐, 수풀대감님 목신대감님 철륭대감님 앞으로돌아 어사대감 뒤로돌아 술력대감 시위서서 이고랑산에 일대동 만대동에 물맑혀달라 대령이시라

<춤>

<공수>

네허냐 우리 욕심많으신 대감님 탐심많으신 대감님 텃대감과 업주대감님 지신대감님 용궁대감님 하휠받아 놀구날 때 받게 전혀없구나. 돌두잡아 던져보구 모래잡아 뿌려보던 욕심많은 수풀대감님 목신대감 하활받아 잘받구 도와줄 때 받을 것은 전혀없으나 뿌연 막걸리에 허튼 시루를 도시루로 잘받구 일대동에 만대동에 물 맑혀준다구 여쭈워라

(23) 호살량굿(호영산 마누라, 수살굿)

 보통은 마당굿(벌대동굿)에서 한 과정으로 함께 하지만 박선옥 팀은 따로 떼어 놓기도 한다. 그 연유는 확실치 않지만 사신·역관·보부상들의 경유지인데다가 비교적 물산이 풍부하고 경제적 여유가 있다는 점, 중국과의 교역로를 왕래하는 사람들이 호환(호랑이 등 맹수의 피해)을 당하는 일이 있었기에 예방하기 위해 의식을 베풀었다는 설, 그리고 故김기백 선생 박선옥선생의 특기가 호영산굿이었다는 점에서 호영산굿을 따로 떼어 했을 가능성으로 유추해 볼 수 있다.
호영산굿의 제물은 개, 타살한 개의 가죽만을 쓰는데 속에다 짚(좃대잎을 넣었다는 설도 있음)을 넣어 살아있는 개처럼 치장한다.
왼 새끼로 목줄을 삼고 고기와 내장을 삶아 제물로 올려놓은 후 좁쌀이 들어있는 오곡잡밥을 해놓은 후 호랑이가 개를 잡아먹는 시늉을 하며 굿을 한다.

호랑이 폐해

　예전에는 호랑이에게 물려가 죽거나 "호령든다"고 해서 호랑귀에 씌이는 일종의 정신병 환자가 종종 있었으므로 호영산마누라(마마)를 노는굿이 대동굿 말미에 종종 있었다. 특히 구월산 호랑이는 무섭기로 유명해서 구월산 호랑이와 산적떼가 비교 될 지경이었다. 속담에 "구월산 호랭이보다 무서운 것이 산적이다." 라거나 호랑이 피해를 막기위해 산을 넘을 때 호위해주는 관헌을 배치할 정도였다. 훗날 호랑이 피해를 핑계로 통행세를 걷는 관헌을 일컬어 "인왕산 호랑이보다 무서운 놈"이라 했을 정도였다.

<잦은만수받이>

받아나요 / 마당전에 / 남경사신 / 북경사신 / 사신행차 / 문간사신 / 수문장사신 / 웃대 대접받고 / 내려오던 사신 / 따라 들어오던 사신 / 가지고 온 사신 / 마당전에서 / 내 놀아나요 / 나갑시다 / 엇쑤

<공수>

앞바다도 열 두 바다 뒷바다도 열두 바다 이십사강 의주 월강 소멸하시고 여기 호영산 받아 가다. 개를 타는 체 하면서 목줄에 매달린 개를 조무가 끌고 나가면서 굿을 끝내고 제물은 으슥한 데 올려 놓는다.

(24) 대동마당굿(뒷전)

<잦은 만수받이>

오늘날에 / 마당전에 오래전에 / 금사전으루 / 내받아놔요 / 아황임금 만세 / 오늘날에 / 먼저 가신 / 구조상님 / 나중 가신 / 신조상님 / 쓰그니 밀그니 / 오셨다가 / 한상거둥 / 두상 진배 / 잘 받으시구 / 안당에서 / 못다받은 조상 / 마당전으로 / 내받아놔요 / 폭격맞아 간 이들 / 총에 맞아 간 이들 / 벼락맞아 간 이들 / 칼침맞아 간 이들 / 매를 맞아 간 이들 / 약을 먹고 간 이들 / 기량직사 간 이들 / 물에 빠져 간 이들 / 영신귀들 / 받아 가요 / 목매달아 간 이들 / 목신기가 / 받아가요 / 혈압 높아 간 이들 / 암에 간 이들 / 목앓아 간 이들 / 손발앓아 간 이들 / 중풍맞은 이들 / 늑막염에 간 이들 / 복막염에 간 이들 / 이질앓아 간 이들 / 치질앓아 간 이들 / 염병에 간 이들 / 매독 앓아 간 이들 / 임질에 간 이들 / 독에 간 이들 / 머리 앓아 간 이들 / 자궁병에 간 이들 / 애기낳다 간 이들 / 해산기귀들 / 받아 가요 / 미역국 밥으로 / 받아가요 / 자동차열차 찍혀 간 망제 / 받아 가요 / 구루마 마차 갈려간 망제 / 받아 가요 / 홀아비가 죽어서 / 남에다 남충 / 과부가 죽어 / 여고나 여창 / 총각이 죽어서 말뚝귀야 / 처녀가 죽어 / 골매귀야 / 무릎 아래 / 기동자들 / 이동나비들 / 받아가요 / 장님이 죽어서 / 맹인귀들이 / 받아가요 / 중이나죽어서 / 삼불천왕이 / 받아가요 / 마신이 죽어서 / 명두귀들 / 받아가요 / 신성귀들이 / 받아가요 /

희생 제물

　호령산굿에서는 개를 잡아 살과 내장을 저며내고 가죽만 쓰고 굿을 했다. 개는 호령귀에 들린 사람의 정신을 맑게하는 제물인 동시에 호랑이 피해를 막는 대수대명의 희생제물로 쓰였다. 70년대 까지만 해도 황해도 출신 이모씨 등이 생개를 잡아 연희했는데 김기백계 우옥주, 박선옥 무계에서는 돼지나, 소 등의 생타살로 제물을 잡으며 무시무시하게 호살령을 놀기도 했다. 요즘은 닭을 쓰기도 한다.

등귀나 잡신 / 수비영산 / 요물사물들 / 받아가요 / 마당전에 / 오래나전에 / 금사전으로 / 내받아낼 때 / 한상 거둥 / 두상 진배 / 향지밥에 / 고래나 떡에 / 독에나 술에 / 받아나가요 / 오늘날에 / 마당전에서 / 내 받아낼 때 / 못받았네 / 허지를 말구 / 못 먹었네 / 하지를 말구 / 무식한 자 / 귀로 듣고 / 유식한 자 / 눈으로 봐서 / 이 신당에 / 이 마당에 / 굴복했다 / 얼리구 달랠 때 / 받아나 가요 / 다시 나와서 / 국내 밥내했다간 / 경면주사 환을 굴려 무쇠가마 / 철가마를 / 씌어놓으면 / 천지지옥을 / 보내노면 / 다시와서 / 국내도 못 쐬고 / 밥내도 못쐬니 / 얼리구 달랠 때 / 받아 나가요 / 일대동에 / 물 맑혀줘요 / 꿈자리 별명사 / 믿기지를 말고 / 새벽몽사 / 얼루지들 말구 / 천리만리로 / 소멸해요 / 소멸하구 / 등귀잡신 / 수비영산 / 받아나 갈 때 / 들루나 올라 들수비요 / 골루나 내려 / 골수비요 / 벌루나 내려 / 벌수비요 / 높이 올라 / 상산수비요 / 얕이나 내려 / 시살부군수비요 / 호영산수비 / 마루마루수비에 / 재재벙벅 넘던 / 길아래수비 / 길위수비 물수비면 / 용신수비 / 수비영산 / 받아 나가요 / 허튼 밥에 / 잣밥으로 / 내받아 내요 / 마당전에서 / 고루고루 받고 / 일대동에 / 만대동에 / 물 맑혀줘요

*북어에 오색기를 매고 수비,영산, 잡귀 일색을 놀리고 맹인놀이 등을 하는데 근래에는 생략하고 춤을 춘 후 북어를 던진다.

<수비 막기>

대신칼을 던져 칼 끝이 바깥으로 나가면 X자로 칼금을 그어 잡귀 일색을 막는다.

<화산>

굿에 쓰인 지화와 조상옷 등을 불에 태운다.

대동굿이 끝나고 뒷전을 풀고 굿이 무사히 끝났음을 알리며 화산하기전 즐거워 한다.

황해도대동굿 보존회

황해도대동굿보존회 회원

보존회장 김 정 숙

무당

광대 / 여광대

김 하 나

박 옥

나 지 영

광대 / 팔광대

본영 / 오금태　　옹진 / 최영만　　은률 / 이두심　　강령 / 김정혜　　해주 / 이나영

벽성 / 정윤정　　봉산 / 김담비　　평산 / 박순천

음악

태평소·피리 박덕근　　피리 / 김재준　　쌍장고 / 채점숙　　쌍장고 / 최영란　　징 / 기우철

제금 / 오금태

공연 연보

寶華堂 김정숙 金貞淑

1957년	김상진(진남포 출신 배선주)과 이이녀(옹진 출신)의 3남 3녀 중 다섯째로 출생(仁川)
1970년	신병으로 고생하다 웅진 출신 큰무당 김용애(1925-1986년)의 치병굿 중 말문을 트면서 강신
1971년	내림굿에 이어 솟을굿, 불림굿 이후 황해도굿 전거리를 학습
1978년	박선옥의 제자로 입문해 탈굿, 재담, 소리 등 사사
1980년	차영녀 선생(인천시 문화재 제3호 예능보유자)으로부터 소리 사사
1985년	국제 페스티발 "한국의 古風"으로 일본 공연. 한국인 위령제 "진오기굿" 광복절 기념 공연 등 일본 공연 3회
1986년	아시안게임 성화봉송맞이 민속축전 공연
1987년	인천 지역 무속집<1>(이선주 저)에 청배무가 일체가 김정숙 바디로 수록됨.
1987년	인천 시민의 날 기념 공연 등 20여회 공연
1990년	일본문화청장관초청 "인천풍어제"예능단 공연(감사장)
1990년	파주 오두산통일전망대 "통일 기원대제" 제1회 초청공연
1991년	한국 대표 무당 5인선에 수록됨(서울신문사, 퀸지)
1992년	김순제(교수) 이선주(민속학자) 추천으로 인천시문화재 인천근해 갯가노래 뱃노래(제3호) 전수 조교로 지정

1993년	SBS다큐 <그것이 알고 싶다 작두의 신비편> 출연 (우수작 선정,강영권 PD작)
1993년	정기발표공연 (인천 수봉공원 야외무대)
1993년	제5회 "전국팔도민속대회" 황해도 장군굿 입상(개인 연기상)
1994년	인천근해 갯가노래 뱃노래 정기공연 10회 (수봉공원 및 인천문화회관)
1997년	황해도 제석굿 발표에 특별 출연(세종문화회관 대강당)
1998년	한국의 무당 18인에 선정(이원섭 저, 한국의 무당)
1998년	황해도해주대동굿 공연(경복궁 민속박물관 초청)
1999년	한국 문화축전 다섯 바탕전에 황해도 성주굿 출품공연 (운현궁 야외무대)
2000년	황해도 운맞이 큰굿 공연(경복궁 민속박물관)
2001년	이북 오도민을 위한 추석맞이 망향 공연 (파주시 오두산 통일 전망대 무대) (9회)
2004년	황해도굿 명인전 출연(롯데월드 민속박물관 극장)
2005년	제1회 해주 본영 탈굿 발표회(인천수봉공원 놀이마당)
2005년	정신대 할머니 해원굿 공연(전남 낙안 읍성 광장)
2006년	전국 민속경연대회에 황해도 대표로 "해주본영 대동굿" 발표 (개인 연기상 및 단체 금상 수상)
2006년	황해도민회 초청 수상축하 공연(목동 야구장 야외무대)
2006년	도지사표창장 수여(황해 제2006-96호 표창장)

2007년	문화관광부초청 설 명절 축하 공연 "황해도 운맞이굿"(한국민속촌 관아 앞 무대)
2007년	제2회 황해도 해주본영 대동굿, 탈굿 발표 (인천시 문화예술회관 야외무대)
2007년	남산한옥마을 야외무대 초청공연 (한국문화예술위원회 초청)
2008년	제3회 해주 본영 대동굿 및 갯가노래 발표 (남산 한옥마을 실내무대)
2008년	제4회 해주 본영 대동굿 발표(서울무형문화재 전수회관 극장)
2008년	설날맞이 초청공연 (한국민속촌 관아마당)
2009년	김정숙 무속 인생 40주년 기념 제5회 "해주 본영 탈굿 및 갯가노래" 발표 (남산국악당, 서울문화재단 지원)
2010년	인천시 무형문화재 갯가노래, 뱃노래 예능보유자 지정(제3호)
2011년	문화재 보유자 지정 축하공연 (천우극장)
2011년	"인간의 노래 세상의 노래" 특별출연 (예술의 전당)
2011년	롯데월드민속박물관 초청 공연(제6회 해주본영대동굿 공연)
2011년	인천무형문화재 축제 (갯가노래, 뱃노래 공연)
2012년	국립민속박물관 초청 "설날맞이 큰굿(제7회) 해주본영대동굿" 공연
2012년	남산 국악당(한옥마을) 황해도 철물이 굿 공연 특별 출연
2012년	제8회 해주본영대동굿 발표(인천 화도진 공연 내사마당)
2013년	제1회 삼각산 순국선열 합동 진혼제 초청공연

	(일성 이준열사와 순국 광복군 17위)
2013년	강화 고인돌축제 초청공연 (갯가노래, 뱃노래 등)
2013년	제9회 해주본영대동굿 발표(일지아트홀 초청공연)
2013년	대둔산 산신제, 해주대동굿 공연
2014년	<사>한국축제포럼 "제2회 세미나와 굿 감상" 해주대동굿 발표공연(천우극장)
2014년	풍류도 장생축제 (제10회) 초청공연
2014년	국민민속박물관 초청 '갑오년 새해맞이 굿' 공연
2015년	한국축제박람회 초청공연
2015년	운현궁 일요마당 초청공연 (해주대동굿과 뱃노래 등)
2015년	청소년을 위한 예술무대(인천청소년회관) 공연
2018년	황해도무형문화재 제6호 지정, 축하공연
2019년	이북5도위원회 개청 70주년 기념 축하공연
2019년	이북5도 무형문화재 축제 참가

구술 · 기록

작가 / 이원섭

오랜세월 지켜 본 전국팔도의 굿문화, 첫걸음은 인왕산국사당의 서울굿이었다. 후암동 적산가옥 옆집에 살던 임기욱박수(58년생)를 따라 갔던 때이니 79년쯤이다. 자연히 서울,경기지방굿을 보며 쇠못빼기 소설의 소재로 삼은 것이 굿 공부의 출발이었던 셈이다. 그당시 이름만 대면 알만한 서울굿 명무들의 굿은 가히 예능에 있어 세계 어디에 내 놓아도 출중했다. 굿을 소재로 등단해 작가가 되던 해부터 민속·굿·민요 글을 쓰기 시작하고 방송에 "라디오 민속기행"을 맡아 소래포, 연안부두, 덕포, 영종 월미도를 취재하던 중 만난 김금화선생무계, 박선옥선생무계는 놀랍게도 전형적인 강신무들이어서 관심이 많았다. 그중 악가무에 능통하면서도 문서에도 밝은 김정숙선생의 굿에 주목하였다. "황해도굿의 백과사전"이라는 별명이 무색치 않을이 만큼 못하는 굿, 모르는 굿이 없었기 때문이다.

여성지의 신년특집기사 "명인" "무당"등의 서적에 간단한 취재기록을 게재했지만 그때마다, 나 는 괜찮으니 제자나 후배들을 써주라고 양보했던 김정숙선생의 겸손함은 지금도 잊혀지지 않는다. S방송애 소개해서 작두 시범을 보였을 때(월간 우수작품 선정작)도 본인은 탐탁치 않게 여겼고, 허락도 받지 않고 쓴 글 때문에 동료, 선후배들의 오해를 받았다며 "내 글은 쓰지 마세요." 하고 핀잔을 하는 바람에 30여년의 취재기록은 그대로 자료만 남아 있었다.

요근래 "황해도대동굿"이 도무형문화재로 지정되기 전부터 굿에 대한 대담을 여러차례 진행하면서 참으로 아까운 자료라는 생각 금할 수 없었다.

틈틈이 모아두었던 취재기록, 굿거리 대본 같은 것은 문화재적 가치도 높은 것들이었다. 상산막둥이과 사냥을 하는 사냥거리, 지신집큰애기와 봉산네 오

래미가 벌이는 방이찧기놀음, 남광대가 어광대와 팔광대를 데리고 하는 줄놀음(어름) 탈광대놀음 같은 굿은 한편의 예술극이자, 마당놀이 같은 것이었다. 대사가 많고 발림이나 노래, 춤 등이 스토리 텔링으로 엮어져 있어 재미와 흥취를 돋우기엔 안성마춤인 연극이었다. 더구나 예전 굿 잘하던 명무들이 노쇠하거나 세상을 떠나는 바람에 제대로 연희할 수 있는 인적 자원도 부족한 게 현실이다. 이에 김정숙연희 / 본영리본의 황해도대동굿 표본 대사집이 정리되지 않으면 안된다는 생각에서 적극 설득한 끝에 이번에 출간하게 되었다.

오로지 김정숙 선생의 구술에 충실하고자 노력했으며 생전에 뵈었던 박선옥선생과 유옥선선생, 그리고 황해도 출신 우옥주선생의 굿문화를 참조하였다. 우옥주선생의 기록은 여주, 이천 낙향시절 집중적으로 취재했고 양종승박사 정학봉선생의 고증을 통해 얻었으나 만구대탁(제1호)문화재와 겹치므로 쓰지 않고 박선옥계 김정숙유파를 집중하여 정리하였다.

구술·대담에 응해주신 김정숙선생께 감사드리고 귀한 사진을 내놓은 임춘섭작가, 고증에 응해주신 양종승박사에게도 깊은 감사를 드린다.

사진기록

사진작가 / 임춘섭

1994년 11월..
한국의 전통예술이라는 주제로 사진집을 출판하고 개인전을 오픈하던 날..
서울역 광장에서 발가벗고 서 있는 기분을 느끼고 내가 얼마나 무모한 짓을 하였나 깊은 자괴감으로 한동안 카메라를 들지 못하던 때가 있었습니다.
남들 보기에 좋은 사진 좀 찍을 줄 안다고, 이곳저곳 공모전에서 상 좀 받았다 기고만장하여 벌인 일이 얼마나 어처구니없는 일이었는지 비로소 깨닫는 순간이었습니다.
그후 98년, 다니던 직장을 그만두고 카메라 하나 달랑 들고 우리 전통판을 찾아다니기 시작하며 느낀 것은 평생을 보아도 다 보지 못하는 일이라는 것이었습니다. 제대로 알지도 못하고 우리 전통예술 세계를 작품으로 만든다는 것은 정말 말이 안되는 일이었다 생각이 들어 처음 시작하는 마음으로 우리 춤, 굿, 연희를 다시 차근차근 보면서 다른 사람들에게 보여주기 위한 것이 아니라 내가 아는 만큼만 찍겠다고 마음먹고 사진기록을 시작한지 다시 20년이 되었습니다..
그럭저럭 이름도 없이 벙어리로 찾아다니며 보고 찍은 사진이 다시 꽤나 모여 책을 낼까, 전시를 해볼까 많은 노력을 해봤지만 뾰족한 방법이 없어, 내가 보고 느끼고 싶었던, 궁금했던 것들을 보며 살 수 있었던 것만으로도 큰 복이었다 생각하고 그 모든 생각들을 접고 있었는데..
이번에 김정숙선생께서 황해도대동굿 책을 내시는데, 그동안 내가 어려울 때 큰 도움을 주셔서 마음의 빚도 많이 가지고 있었고, 내가 해왔던 일이 조금이라도 보탬이 될 수 있다는 데에 감사한 마음으로 책 제작에 참여하였습니다.

이번 책의 글 작업은 이원섭작가님께서 그동안 많은 시간을 두고 채록하고 전국의 숱하게 많은 현장을 다니며 정리해 놓은 귀한 원고에 맞춰 사진을 선별하여 넣는 작업이었기에 내가 이제까지 해왔던 작업 방식과 맞아 무척 즐겁고 소중한 작업이었습니다.

이번 책에 사용된 원고는 2006년도 원고가 중심이 되었는데 그당시에는 김정숙선생님께서는 내가 누구인지 모르셨을 때였을 겁니다.

오래전부터 틈틈이 정리한 원고를 자료집으로 엮어 서가에 채워놓은게 200여권, 서가에서 먼지만 없고 잠자던 원고중 두권의 자료집속의 사진들이 귀중한 책에 수록되어 남들에게 보여 질 수 있다는 게 신기하기도 하고, 정말 소중한 기회를 주신 김정숙선생님께 또 큰 은혜를 받았습니다.

살다보니 이런 일도 있는 것을 보니 앞으로는 건강도 조금 챙기면서 살아보아야 되겠다는 생각이 듭니다.

이 기회를 빌어 오랫동안 전국의 춤판, 굿판에서 열악한 환경에 굴하지 않고 묵묵히 우리의 소중한 문화유산인 전통예술을 지켜가시는 전통예술인들께 한없는 존경과 감사를 드립니다.